張寶方／口述
張靜慧／採訪撰文

放下的勇氣

安寧病房的生命故事

推薦序

果然是寶方

一、詮釋寶方最佳形容——受苦受難者的貴人

本書作者寶方有一大堆的頭銜！但是寶方的美，寶方的特別，並不在於這些頭銜，而是她做為受苦受難眾生的貴人！若要我來介紹寶方斯人也，那麼我只有一句話：她就是所有認識她者命中的貴人！

什麼是「貴人」？在谷歌、辭海、字典中有許多的答案。但是如果你從來沒有碰到過一位貴人，就不能明瞭貴人的深意？「貴人」是：從小處，就是當你需要的時候他就出現了；從大處，他會點亮你的生命。

聽起來好像很簡單，做起來，卻千難萬難。如果您也想要成為別人的貴人，那就來讀讀這本書。本書每一個案例皆真人真事真感受，是寶方長期熱愛和從事安寧療護中，陪伴病人及家屬的切身經驗之寫實，帶入文字當中；也是她遇到安寧療護後一路的遇見與思考，以生動的故事型態呈現。每一個故事都表達了「貴人」好似在制高點觀看，且親身參與這一齣齣的人間真實劇，如今她寫成書了，我們閱讀本書的人也在關注中豐富了自己的生命，刷亮了我們的視野。即使您不認識寶方，當您閱讀本書時，她也點亮了您的生命，成了您的貴人！

二、面對死亡，沒有誰比較勇敢，比較能幹有智慧！比的是誰有更大的愛心及能對苦難共情！

寶方不是醫師，所以她手中不像外科醫師握有手術刀，內科醫師掌有靈丹妙藥的工具。她也不是護理師，培養了一身舒適護理的本領可以緩解病人的痛苦。她是志工，卻一頭栽入了重病雲集，死亡成為日常的安寧療護。我們讀到書中描繪：病人的血噴到寶方的鞋子上；亂抓亂打，連家屬及醫護人員都無法安定他，而找寶方來想辦法；因為腫瘤傷口及各種分泌物而散發刺鼻氣味的病人，強忍嘔吐感卻親力親為地為病人清潔的寶方；拒絕別人於千里之外的病人，對志工不理不睬，寶方如何可以破冰，很快地觸動心弦共情病人的悲苦，在最後關頭安撫病人心緒而獲得平安；耐心陪伴連家屬都已經不耐煩而躁動不安的失智症病人；用「當頭棒喝」的方法，一棒打醒一心求死，三度自殺的病人；將從安寧療護獲得的經驗與知識，用在山難的山友和他的家人，這是舉一反三、聞一知十；當志工三十多年仍保持熱情與初心，是因為去了印度德蕾莎修女的垂死之家，接受了震撼教育，而能不忘初衷，再度動力湧現；而初心是因為寶方二十三歲那年，雙親在三個多月內相繼去世，父母在臨終前受了不少苦，讓寶方很心痛，至今覺得遺憾，但是因為她沒有機會再盡孝，所以就把這份動力用在幫助別的病人身上，一幫幫了三十多年。

以上幾個摘錄，只是書中眾多案例中的一小部分。每一位病人都是一部歷史，每一個家庭都獨一無二。如果背幾句名言，或用幾套熟悉的方法去照顧病人，那就會注定了結果：失敗！讀者從閱讀此書可以發現，照顧病人及家屬是一項藝術，需要勇氣、智慧、愛心、對苦難共情，之外還需要藝術的特質！本書之所以吸引人想一頁一頁地往下閱讀，就是因為透過了文字而進入了「陪護藝術」的境界！

三、寶方的武功祕笈：「自我覺察，自我反省，深入自己的內心，確認自己想要成為什麼樣的人，不必勉強成為別人眼中的完美菩薩。坦

然接受身心俱疲的自己，給自己調整的彈性空間，才能守住初心，保持長遠心，隨時隨地重新出發。」

沒有人是十全十美的，當一個人為自己的成就洋洋得意時，其實他的生命已經停止成長了，一個人最大的美德就是能自我反省，自我覺知。寶方從每一位親身經歷陪伴的病人和家屬中，會反省及覺察到自己的不足，需要再進步的地方，所以她就能苟日新日日新，你隔一陣子沒看到寶方，再看到她時，會驚訝地發現寶方的智慧已經更上一層樓了！寶方寫這本書不是在炫耀她自己的成就，更不是邀功，而是在一個一個生命故事中，造就別人也造就了自己。

四、果然是寶方：悲智雙修，福慧雙全

寶方是虔誠的佛教徒。我一直認為，如果人們將宗教說成：「所有

的宗教，都是勸人為善！」那真是太小格局了。宗教的信仰可以深入一個人的血液、骨髓，而影響他整個人生。宗教的力量能撼天動地。我們從寶方的書中可以看到，她常常用佛法或佛教的信仰，來幫助受苦受難的病人及家屬，那是順手拈來卻恰到好處。因為寶方自己已經浸透了佛法，且悲智雙修，福慧雙全，她的想法、作法自然通傳到病人、家屬的心中毫不牽強。透過寶方，人們接觸到佛法的馨香及信仰的甘甜，病人、家屬的靈性因而獲得滋養！這是所有安寧療護的宗教師或靈性關懷者都要學習，但卻不易學習，因為她是用生命在通傳信仰。

本書每一個故事後面有一個小結論：「果然是寶方」，寶方的名字取得太好了，是寶貝的處方或寶貝的方法，但是處方和方法都不能表達寶方的智慧和藝術性的陪護，那需要極大的付出，與長期不離不棄的犧牲。寶方做為志工付出到什麼程度，您知道嗎？有一位臨產的婦女在生產時重病，而無法親自照顧新生寶寶，寶方竟然把小嬰兒帶回家，視如己出地照顧養育他。全天下的人能夠像這樣犧牲與付出的，大概也找不到第二個人了。

從本書中可以看到寶方三十多年安寧療護志工生涯中部分的真實經歷，有血有淚，不易學習卻可以被感動、被撼動。但請不要停留在感動中，寶方最大的希望是安寧療護可以普及，讓更多的病人和家屬能夠善終善別與善生，她的辛苦就值得了！

趙可式
臺灣安寧療護推手
國立成功大學醫學院名譽教授

推薦序

願力永不止息

我和寶方相識長達二十多年，她凡事熱心，總是當仁不讓，全力以赴。她既是佛教蓮花基金會的重要活動推手，也是協助無數臨終病人善終的菩薩推手。

讓我印象特別深刻的是，為了宣導「安寧緩和醫療條例」和選擇不急救DNR（Do Not Resuscitate，不施行心肺復甦術），她全力投入「祈福．傳愛．心安寧」千人騎腳踏車宣導活動，致力結合基督教安寧照顧基金會、天主教康泰醫療教育基金會及佛教蓮花基金會三大宗教力量來推廣安寧療護理念。她去年更是為了關懷在全臺各安寧病房服務的臨床佛教宗教師，不辭辛勞和佛教蓮花基金會一起「安寧行腳」全臺走透透。這種義不容辭的奉獻精神，真是令人敬佩！

寶方就像一座願力的發電廠，無論遇到順境或逆境，總能以願力突破萬難。她剛開始在臺中榮總當志工時，發現末期病人並不只有癌症病人，還有更多慢性病、精神病、免疫系統疾病患者，在生死徘徊中也非常需要協助，但她卻是心有餘而力不足。在看見自己的不足中，她向地藏菩薩發願，希望能以一己綿薄之力，陪伴和守護這些患者善終。

因此，當寶方有緣觸及生命議題和癌症照護的領域後，不但用心學習，也確信自己必須建構起生死觀，才能自利利人行菩薩道。她長年擔任臺中榮民總醫院志工隊隊長，親自參與照顧安寧病人。以虔誠佛教徒的身分，擔任佛教蓮花基金會董事，參與推動善生善終的教育，也護持臨床佛教宗教師的培養，讓法師參與安寧緩和醫療的照顧團隊。為了磨鍊愛心，她遠赴印度加爾各答，追隨天主教的德蕾莎修女，照顧路邊撿回的帶高度傳染病的垂死病人。以這種多樣的愛心經驗，她所照顧的安寧病人及家屬的故事，當然值得鄭重推薦。

《放下的勇氣——安寧病房的生命故事》既是關於生死的感人故事，也是寶方自己的生命筆記，書中有許多在生命微光中，發人深省的段落，讓人低迴不已。原來很多的人生煩惱，轉念便是菩薩的智慧啊！

她在書中說：「雖然生命的長度難以延長，卻可以用接納的態度來拓寬生命的廣度。」她彷彿是病人的橋樑，助人跨越種種的生死徬徨，不斷串連起生命的愛和希望。像是〈千瘡百孔的人〉一文的社會邊緣人女孩，她說如果再遇到類似狀況的病人，還是不會放棄。即使無法改變女孩的生命長度，若能提昇她的生活品質與深度，哪怕只是一點點，就夠了。

在〈安定身心，化解死亡恐懼〉一文，寶方更直接袒露了安寧病房志工的心聲，不只臨終者需要無畏心，志工也同樣需要，才有勇氣直面死亡，並同理病人對死亡的恐懼。她說：「每個人都害怕死亡，我並沒有比較勇敢。但是既然病人願意在臨終前把自己交給我，我就是盡力去做。」

照顧末期的病人，不只需要同理的慈悲，也需要有清明的智慧。這樣在面對一期一會的生死時，也才能有不斷放下的勇氣，繼續前行。在〈走進病房，看見眾生平等〉中，她說：「我提醒自己，每次走進病房關懷病人，應該去掉『我』，不問他的身分、職業、貧富，平等看待每個人。」

志工在照顧病人時，也要有覺察自己身心的智慧，才不會瀕臨情緒臨界點而不自知。〈垂死之家的震撼教育〉便是寶方的親身經歷分享，她發現自己志工做久後，再也不會動不動就哭得唏哩嘩啦，或是對去世的個案掛念不捨，原來她的熱情已經耗竭，所以看到老、病、死，竟然再也沒有眼淚了。她問自己當志工的初衷還在嗎？為什麼不再能體會病人的苦？最後，她決定暫停一下，轉往印度加爾各答的「垂死之家」服務，看看能不能找回最初的自己。

我隨著書中的故事，不斷地受到種種觸動，人的生命有限，如何讓願力能永不止息？志工除了要有慈悲心腸，更要有自我覺察的關照力，行善奉獻的道路才能不因挫折退轉。寶方能在志工路上獲獎無數，如中華民國志願服務楷模金駝獎、全國好人好事代表等的肯定，應是得自於悲智雙運、福慧雙修的修行力量吧！

以佛教來說，協助一個人安詳往生，其實就是協助一個人成佛。寶方只求耕耘，不問收穫，一點一滴地在耕耘人間淨土，讓我彷彿看見安寧病房的地藏菩薩身影，雲水生死兩岸，病房不空，誓不成佛。

陳榮基

佛教蓮花基金會榮譽董事長

推薦序

用深情凝視死亡

向死而生，是哲學名言，也是一種生命態度。

安寧志工，是一個直視死亡的位置，也是一個修練的道場。

寶方是一位勇士，在諸多的生死大事之間穿梭、陪伴，引領著在生命的谷底躊躇徘徊的有緣人，共同經歷這許多的深刻，終至面對死亡。

她不諱言恐懼，不避談禁忌，讓自己置身在震驚、悽苦、幽微，而又無以言狀的不確定中，直視著一個一個的生命趨近死亡。貼近、支撐、依靠，卻又開放、尊重，與生命相遇，且行且走，讓生命可以無憾。其中對生命的體會，即使走過千山萬水，仍然無法道盡所有，卻成就了一篇一篇的心得與叮嚀，成為菩薩行的資糧，真是可貴！

面對死亡，正是生命孤寂的極致，挑戰著人生所有的期待、希望，以及既定的生活軌道，那深沉的無能為力，是一種無言的絕望，但這絕望卻也是臨命終時心態轉化的最後試煉，那如同在無法辨識方向的漆黑中，等待著牽引，但凡有一絲絲的光線出現，竟能稍微安定前行。寶方用自己的生命，想方設法讓自己成為那一絲光芒，去溫暖那無言的絕望，去支撐失語的無能為力，讓孤絕的死亡和邁向勇敢回眸的圓滿並行。

面對死亡，不只是亡者的事，也是生者的事。我們畢生為逃離死亡而活，做了多少事，卻無法在生時，凝視死亡帶來的穿透性，用逃避來逃避，以為不言死，努力開創幸福，生命即可永續。亡者的示現，讓生者不得不直面自己的逃避，恐懼不下於亡者，殊不知，這是亡者最後能貢獻給生者的禮物。寶方是這份禮物的信使，讓雙方在生死之間搭起溝通的橋樑，讓生者因為這禮物而能貼近生命實相，熱愛生命，為自己活出滋味來。

菩薩，因為有願在人間，而乘願再來，那是一種深情大願。因為捨得下，而能扛得起來，捨下，是一種消融，消融恐懼、負疚與不確定，而願意與悲苦同在；扛起，是一種承擔，親歷難行能行，亦步亦趨地陪伴走在生死邊緣的人。若非寶方對這世間懷有深情，如何能捨能扛，希望這書中的一字一句能喚醒眾生的深情，面對生死，提放自在，願做人間淨土度人舟。

楊蓓

法鼓文理學院特聘副教授兼生命教育碩士學程主任

二〇二三年二月八日序於家中

自序

安寧病房的模擬考

被尊為「臺灣安寧之母」的趙可式老師，是指引我學習臨終關懷的啟蒙老師，問我將如何向大眾自我介紹？我打趣說，我要自稱是臺灣的「安寧之女」，希望將老師的安寧理念發揚光大。

在我發願並實踐助人工作中，看見了自己的能力有限，也看見自己還有無限的成長空間。很樂於成為幕後推手，默默幫大家圓夢。很多人稱我是安寧界的「黑貓宅急便」，無論是白天或夜裡，只要有人需要協助，隨時可以立即出發前往支援。在舉辦活動做宣導的時候，盡可能開車運送人力和尋找資源。哪裡需要我，就往那裡去！

其實我和所有的志工一樣，都會有疲累或是困境受挫的時候，這時候需要用發願來啟動自己的心力。

我深信願力是不可思議的，有次參加法鼓山的水陸法會，在祈願觀音前默默地說：「菩薩，如果您覺得我對這個世界還有什麼價值的話，請派我去做事。」同時也在心中向聖嚴師父致意說：「師父，您一生致力提倡社會關懷和推動臨終教育，如果有我可以奉獻之處，請給我學習的機會。」觀音菩薩真是有求必應啊！就當我發了這樣的願，竟然立即就有絡繹不絕的臨終關懷課程邀約。

病人是我最好的老師，經歷過這麼多的案例，他們不斷出考題測試我，這些都是我的生死模擬考，既告訴我善終的智慧，也讓我珍惜善生的福氣。本書中的故事個案，是老師們的現身說法，為尊重他們和家屬親友的隱私，全書一律使用化名。

生死如人飲水，冷暖自知，無論人生的滋味是甘甜或辛酸，沒有人可以代你品嘗、感受。生死課題是學無止盡，我們這一輩子從生到死，無論是愛你的，或是你愛的人，生命走到最後，終須一別。因此，這堂功課只能靠自己用功努力，才能在人生畢業考時，不徬徨遺憾。

我人生曾有一大遺憾，如此奮力推廣安寧療護、臨終關懷的原因，就是希望這樣的憾事不會發生在他人身上。在我雙十年華之初，天真爛漫，對未來有著無數憧憬，卻遭逢父母在三個多月內相繼離世的創痛。眼睜睜看著爸媽經歷著生死煎熬，從疾病的診斷、手術到放射治療，無論如何努力，都藥石罔效，只能不甘心地四處求神問卜。

讓我始終無法釋懷的是，在父母生命的最後一刻，竟然無法陪伴在他們的身旁……。初為人母時，才領悟到什麼是「樹欲靜而風不止，子欲養而親不待」，思親的失落，令我不知如何養育孩子，甚至曾想追隨父母而去，看著嗷嗷待哺的女兒，心中真是百感交集，不明白生和死究竟是怎麼一回事。此時，才正學步的女兒竟去抽了衛生紙向我遞來，不僅感動了我，也憶起了在病床上期盼我成為人母的母親。因此，我擦乾了眼淚，將傷感化為力量，投入了臨終關懷的學習行列。

所謂「書到用時方恨少」，年輕時對學業不算認真的我，寫作、出書從來不在自己的夢想中。直到累積了許多深刻於心的生命故事後，才終於有透過文字分享的夢想。夢想很美好，但是現實很殘酷。幸好，我的生命中雖有不少的「小人」，卻有更多的「貴人」，讓我的生命更加多彩多姿！這本書能夠誕生，要深深感謝法鼓文化果賢法師和編輯的勉勵與催促，在靜慧持續近兩年的協助，才終於大功告成。靜慧榮獲多項新聞報導獎，能得到她拔筆相助，真是我的福氣。

《放下的勇氣——安寧病房的生命故事》是我的第一本書，完成這本書需要勇氣，願意看這本書更需要勇氣，才能知生死為何。我覺得最勇敢的應是法鼓文化，願意冒著賣不好的風險而出版，謝謝您們的良善！也要在此感謝醫護同仁和志工朋友們的加油互勉，以及師長和家人親友們的一路陪伴、一路支持。

參究為何，方能迎接任何！

張寶方

第一篇　陪伴的智慧

第二篇 告別的勇氣

第三篇 圓滿的祝福

第一篇

陪伴的智慧

千瘡百孔的人

她的外貌嚇人、舉止怪異，
面對謎樣又喜怒無常的她，
要如何克服內心的恐懼去幫助她？

我從沒見過這樣千瘡百孔的人。

那天傍晚，醫院在大廳辦活動，突然有一個把臉遮住的人走近，我趨前詢問。在醫院服務已久，接觸過各種病人，但當她把布掀開的時候，我還是嚇到了。她滿臉水泡，有些破了、有些結痂，當下直覺是：「怎麼會有人變得這樣不像人？」

我連忙把她送去急診，由醫師問診，之後社工也前來協助。看到她連口腔黏膜和牙齦都長水泡、潰爛，所以值班結束後，買了兩瓶飲料送過去。

我心裡一直惦記她，很多困惑與不捨。隔天進醫院時又帶了四瓶飲料，託急診的工作人員帶給她。

用英文罵人，謎樣的病患

幾天後，社工室問我：「哪位志工一直送飲料給一個病人？病人想知道是誰。」我說是我。

我跟社工一起去感染科病房看她。當她掀開病床的圍簾時，屎尿味撲鼻而來，她把頭露出棉被張望，眼神充滿疑問。她不配合治療，罵醫護人員，甚至不肯下床如廁，大小便都在床上解決。

我不定時去關心她，慢慢跟她建立關係。她罵人時都用英文，非常流利，更讓人想了解她的背景，但她不願透露，院方暫時用「遊民」身分立案。

她必須洗腎，又因為不願配合傷口護理、細菌滋生而產生敗血症。她跟護理師說，只願意接受我幫她洗澡。當時不確定她的病會不會傳染，所以我穿上層層防護衣，沒想到她又反悔，不願洗澡。在異味的「熏陶」下，我一出病房就吐得一塌糊塗。

她鄙棄社會？社會遺棄她？

三天後，她又決定要洗澡。我鼓足勇氣踏進病房，可是她又開始鬧情緒。最後我把手伸出去，輕輕扶著她的手鐲。或許肢體的碰觸讓她感受到我的誠意，就在那一刻，她願意下床了。

她突然尖叫，原來她腳底的皮膚長期潰爛沒有治療，已部分見骨，所以踩在地上疼痛不堪。淚水湧上我的眼眶。

進了浴室，我蹲下來輕輕幫她擦拭，同時心裡有好多困惑。她究竟遭遇了什麼事？誰願意把自己過成這個樣子？我該用什麼態度對待她？

她問我：「你為什麼要送飲料給我？」我說：「你嘴巴破了，喝點飲料應該會舒服些。」我們的距離似乎拉近了些。

有一天，她想離開病房，到會客室吃飯，沒想到一踏進會客室，她皮膚上的水泡、傷口，把所有人都嚇跑了。日復一日遭受異樣眼光，可以想像她有多受傷，似乎也能理解她為什麼舉止怪異、脾氣多變了。我不禁想：是她鄙棄社會，還是社會遺棄了她？

一聲「姊姊」，感受複雜

某日，她突然叫我「姊姊」，我的感受有些複雜。這代表她信任我，我們產生了「革命情感」，但我也提醒自己，志工與病人的相處必須拿捏得宜，過與不及都不是好事。

她得的是天皰瘡，全身皮膚長滿水泡，破了之後結痂，好了又破，傷口密密麻麻。我幫她訂了兩條腰部綁繩的褲子。「你為什麼幫我買褲子？」她問。「你不能穿醫院那種鬆緊帶的褲子，這種綁繩可以調整寬度，比較不傷害皮膚。」我解釋。她滿眼淚水。

一個多月後，她轉院，開始洗腎，狀況不好，已送進加護病房，「她希望你能去看看她。」醫師轉告我。

她看起來是那麼虛弱，眼睛含著淚。我問她：「你怕不怕？」她靜默不語。她牽起我的手，說：「姊姊，我不想要走。」我安慰她：「你好好配合醫生，不要擔心。」

剛好我帶著《父母恩重難報經》的圖片，「這張圖留給你。你害怕的時候，想像這是你的親人或者是我，可以幫助你安定下來。」她同意讓我將圖片貼在病床旁，也終於願意跟我聊聊她的故事。

母女見面，相對無語

我拼拼湊湊她提供的訊息，請警察局協助，費了一番工夫，終於聯絡上她媽媽。媽媽說，她們家本已移民美國，女兒二十幾歲時發現罹患免疫疾病，便回臺治療。沒想到她開始種種脫序行徑，比如把大小便塞到抽屜或抹在牆壁；跑去不同醫院住院，然後跟別人行乞、要錢，最後不知怎麼輾轉到了臺中。

媽媽還在工作，對女兒的行為深感無奈，不知該如何面對這個孩子。

「如果我去接她，你敢保證她不會殺我嗎？」媽媽問。但我又怎能保證？

隔天，她終於同意南下接女兒。母女相見，竟都沒有說話，我在旁提醒，她終於開口叫「媽媽」。「媽媽已經很辛苦了，不管發生什麼事，你都不能傷害她。」我提醒。

臨終時，她想見我

轉回臺北的醫院後，我去看她，發現床邊堆滿可樂罐，媽媽管不住她。她也還是一樣四處要錢。

「姊姊給我錢！」這是她見到我的第一句話。

「我是志工，來關心你，可是沒有理由應該給你錢。你需要買什麼東西嗎？」

「反正你給我錢就對了！」她開始罵髒話。

「你要幫自己，如果你不幫自己，誰都幫不了你。」說完我掉頭離開。她歇斯底里，居然按下緊急鈴。

我很心痛。我知道這不是她的本意，她或許只是需要別人關心。我跟護理長說明狀況，請護理長去安撫她。

約一星期後，護理長通知我，她去世了。臨終時，她說想見我，也願意配合治療，她並不想死。

我鼓起勇氣打電話給她媽媽。「就像戴手鐲，平常不覺得它的存在，有時還覺得多餘，等鐲子碎了，才真正意識到它不在了。」媽媽這麼形容，也表示不願意再想過去的事。我祝福媽媽有新的開始，不再打擾她。

棘手的個案，讓我直視恐懼

我從沒有照顧過這麼棘手的病人，是很強烈的撞擊，但也正考驗自己的耐心與底線，以及如何轉化內在的恐懼，去面對一個外觀不堪、行為難以理解的病人。

如果再遇到類似狀況的病人，我還是不會放棄，會想辦法整合現有的醫療及社會資源，盡力協助她。我無法改變她生命的長度，可是如果能提昇她的生活品質與深度，哪怕只是一點點，就夠了。

果然是寶方

在情緒臨界點煞車

社會邊緣人不只被社會忽視，甚至也放棄了自己，是很多社工團體不願處理的棘手案子。我實在難以了解，這個女孩為什麼有家不回，執意放逐自我，流浪天涯？

女孩不斷地用英文罵人，挑戰我的底線，雖然我用「聽不懂英文」來幽默回應，卻沒有忽視她的憤怒，只是也需要轉化自己的心情。

在和她的互動過程裡，我發現自己幾度瀕臨情緒臨界點，無法一味地忍讓，該踩煞車的時候，必須適度喘息。每個人的心力都有極限，能看見自己的臨界點，找到方法調適，助人的動力才能源源不絕。

安定身心，化解死亡恐懼

他不斷噴鼻血，我嚇得差點奪門而出，但我知道，志工必須先安定自己，才能幫助別人。

臺中榮總安寧病房有一間「治療室」，是間單人病房，生命徵象微弱、即將往生的臨終病人會被安排住到這裡，讓他們可以不受打擾，在家人的陪伴下度過最後的時光。

讓我印象特別深刻的有兩位病人，他們同樣害怕死亡，一位是相處兩小時後就平靜往生，另一位則像被死神開玩笑似的，多活了七天。

見到他，我差點怕到逃離

那時我剛開始當安寧病房志工，接到這個緊急助念任務，要我前往關懷一位約四十歲的男性病患許先生，那是我第一次遇到即將死亡的個案。坦白說，我一看到渾身是血的許先生就害怕。他得了鼻咽癌，末期症狀是會不斷噴出鼻血，就像噴發中的活火山。他因身體不適，所以非常躁動，見人就打，連護理師也束手無策。

我從未遇過會打人的臨終病患，雖然血噴髒了我的鞋，讓我恐懼到想轉身逃跑，但在那個當下，我還是依著學習先觀察、找方法，在最短的時間內，先調整呼吸，用調息、深呼吸化解內心的恐懼不安，然後請家屬協助，一起安撫病人。病人與家屬的情緒常常互相影響，當病人躁動，家屬也會不安。因此，我告訴家屬：「我們先幫他放鬆，然後再看看可以怎麼做。」

聲聲佛號，為自己祝福

我請家屬幫忙穩住病人的身體，讓他不要揮舞拳頭。鼻血不斷向前噴灑，所以我選擇站在他病床的後方，家屬在側邊扶住他的身體，盡量維持後仰，並按壓鼻翼，減緩血液噴濺。

我用手扣住他的背，引導他隨著我的呼吸頻率，並緩緩地輕拍著他的背說：「我是來陪伴你的，現在這個難關很難過，你一改變姿勢就會噴血，先放鬆下來，不要激動。」我先同理病人身體不舒服的感覺，透過調整呼吸、漸漸放慢動作，讓他平靜下來。

雖然我去治療室是協助臨終關懷，但是如果連自己的身心都不能保持安定，就無法穩住病人的情緒。經過五分鐘的緩衝調整，我按壓病人的脈搏，確認他的狀態比較不紊亂，我自己的心也比較平靜了，才慢慢開始表達關懷。

許先生沒有宗教信仰，所以我告訴他：「我們的身體都會有沒辦法再繼續使用的一天，到了這個時候，會覺得很累、很不舒服。家人都在這陪著你。如果覺得害怕，可以想想以前長輩都常常會說『阿彌陀佛』。」我講到這裡，他抬起頭看了我一下，彼此眼神交會。我接著說：「害怕的時候就念句佛號，為自己祝福。」他漸漸不再躁動，安靜下來。大約兩小時後，他就在佛號聲中安詳往生了。

面對死亡，沒有誰比較勇敢

沒有人真正經歷過死亡，面對未知，害怕是人之常情，但是唯有將它轉化，將「有畏心」轉為「無畏心」，才能從容走完人生旅程。

不只臨終者需要無畏心，志工也同樣需要，才會有勇氣直面死亡，並同理病人對死亡的恐懼。慈悲，是要能真正同理他人的苦。

陪伴者要先接納自己的恐懼，照顧好自己的身心，才能帶給他人免於恐懼的無畏力量。臨終關懷不是只有嘴巴說說，最重要的是心念，陪伴者的心念會影響病人。

每個人都害怕死亡，我並沒有比較勇敢。但是既然病人願意在臨終前把自己交給我，我就是盡力去做。當我們發願要做萬行菩薩的時候，一開始都會面臨很多考驗，不知道哪一種方法對他們有效，只能不斷嘗試，不輕言放棄。

緊抓母親的手，盼望奇蹟

楊小姐是一位幼稚園老師，原本不知道自己罹患罕見的橫隔膜腫瘤，一次坐男友機車，出了車禍，造成肋骨斷裂，送醫後照X光才發現腫瘤。她如此年輕，有著美好的未來，怎會想到生命無常，死神早已如影隨形在側，所以當她得知自己已是癌症末期時，完全無法置信。

我在治療室陪著她靜數呼吸，準備好下一口氣上不來時，就這樣離開人世，沒想到在藥物和持續數息下，生命跡象又平穩下來，與死神擦身而過。但她反而因此更害怕死神回過頭來，於是二十四小時緊抓著母親的手，要母親寸步不離地陪伴她。

在志工生涯中，我見過無數徬徨生死的人，但楊小姐是第一位恐懼到無法鬆開家人的手的病人。彷彿一放手，呼吸就停了。那一隻緊抓住母親不放的手，就像是嬰孩的臍帶，緊緊纏住了母親，渴望著母親可以再給自己一次重生的奇蹟，卻也讓彼此都無法喘息。

在菩薩懷中，不再驚慌恐懼

只要媽媽一鬆開手，她就會驚慌醒來。眼看母親既悲傷、疲憊，卻又無法離開片刻的困境，我便想了一個辦法，拿出一張《父母恩重難報經》的圖片給楊小姐看，那是一張懷裡抱著嬰孩的觀音菩薩。

「你覺得媽媽和這尊菩薩長得像不像？」我問她。她凝視著像媽媽一樣福態圓潤的菩薩，默默點頭。我接著說：「其實你媽媽就是菩薩，而你是菩薩懷裡的嬰兒。你如果害怕，就想一想你隨時都在媽媽的懷裡，隨時都在觀音菩薩的懷裡。」

自從她把圖片貼在床頭，視線隨時都可看到菩薩，就不再那麼害怕死亡了。原本哪裡都去不了、身心俱疲的媽媽，有了觀音菩薩「代班」，終於可以稍微歇息了。

楊小姐是老師，所以我鼓勵她：「你不能只是被菩薩抱，還要感念菩薩的恩，以後要教導更多的學生，成為別人的觀音菩薩。」她聽後，對我露出了久違的微笑。

想不到幾天過後，她竟然清晨託夢向我辭行，雖然只是淡淡地微笑道別，卻像一道彩虹在我心中升起。這道跨越生死的彩虹，讓我可以帶著無畏的信心，繼續走助人的路。

果然是寶方

活在當下，生死自在

不只安寧病房的病人面對生死有壓力，陪伴者也是一樣。我會用深呼吸來幫助自己放鬆身心，釋放面對病人的局促不安和壓力，讓心保持安定。

助人的時候，心要專注於當下，就像聖嚴法師所說的「身在哪裡，心就在那裡」，隨時觀察病人變化，並調整自己的身心。面對焦躁不安的病人，即使心情受到波動，只要專注於當下，用吸氣、吐氣來放慢速度，便能漸漸地穩定自己和病人的身心。當自己集中了精神，提起了心力，便能引領病人無懼生死，一起安步前進。

走進病房，看見眾生平等

再冷漠的人，也有需要溫暖的時候。
一位沉默的病人，
要如何打開他的心扉？

本以為人生旅程還很長，還可以慢慢欣賞一路上的風景，卻臨時接到通知要馬上下車，來不及收拾東西，也不知道下車後去哪裡，心裡的驚慌可想而知。

志宏才三十出頭，就因口腔癌而不得不「下車」。住進安寧病房後，主治醫師向我說明他的背景：他來自東部，是一位清潔人員，經濟上較偏弱勢，目前沒有家屬陪伴。

我走進病房，一股強烈、特殊的氣味撲鼻而來，嗆得我真的需要暫停呼吸。口腔癌因腫瘤長在臉部、頸部，不但影響外觀，癌細胞混合了口水，更會散發刺鼻的氣味。但我不能掉頭離開，提醒自己慢慢調整呼吸。

「你好，我是這裡的志工，我叫張寶方。」直到自我介紹完畢，他的臉始終朝向另一側，沒有轉過來，不發一語，也沒有家屬在旁打圓場。病房裡沒有聲音，只有尷尬的靜默。這七、八分鐘好長，簡直度「分」如年，該怎麼破冰？我不停動腦。

一句話觸動心弦，他放聲大哭

「謝謝你的手，為我們創造乾淨的環境。」我不自覺握住他的手，摸起來那麼粗糙，這是長期勞動留下的印記。

其實我也不知道為什麼會說出這句話，應該就是回到人的基本需求——希望得到尊重、肯定，而他的工作及經濟弱勢，很可能讓他長期不受看重，甚至被輕視。

這句話似乎觸動了他的心弦，突然間，他轉過頭，壓抑已久的情緒瞬間爆發，放聲大哭，徹底潰堤，哭到抽搐起來。

我讓他好好哭，輕拍著他的肩，雖然此時更靠近他，但我已忘了那嗆鼻的味道。

等他情緒慢慢回復、放鬆，不再對我存著戒心，我們開始聊，他提到心中最深的牽掛與遺憾，是才剛出生的第二個孩子。

「我還沒見過他，連抱他的機會都沒有。」一個生命才剛誕生，另一個生命卻即將殞落；孩子才來到世間，父親卻無緣與他相見，這是多麼深的遺憾。他的淚水包含了複雜的情緒：無法完成心願的遺憾、不平、埋怨、罣礙……，他自知來日無多，擔心太太是外籍配偶，將來要如何拉拔兩個孩子？

我請護理師幫忙，讓他和太太通上電話，彌補不能相見的遺憾。他的病情不宜多說話，我下午一點離開病房，他五點多就去世了。

去掉「我」，平等看待每個人

儘管只有一面之緣，但志宏給我很大的震撼，他是我生命中重要的老師。

人很容易起分別心，覺得某些人的身分高人一等，某些人比較低微，對待他們時的起心動念及態度便有差別。我提醒自己，每次走進病房關懷病人，應該去掉「我」，不問他的身分、職業、貧富，平等看待每個人。

社會上很多像志宏這樣的小人物，默默扮演好自己的角色，努力生活著。這個社會能運作，也是靠無數的「志宏」。他們可能被視為社會邊緣人，但我相信，愈是邊緣的人，愈需要被鼓勵、肯定，基本的心理需求跟任何人都一樣。志宏的手跟達官顯要的手，並沒有不同；清潔工與達官顯要的基本需求也沒有不同。當他們變成病人，甚至末期病人，對死亡的恐懼、對家人的牽掛也沒有階級之分。

冷漠的背後，其實期待關心

志宏雖然表現出堅強，甚至拒人於千里之外的態度，但我相信在內心深處，他是期待被關心的。我自問能為他做什麼？

雖然相處的時間是那麼短暫，我還是欣慰，能幫他把擔心的事說出來，宣洩心裡壓抑已久的情緒，在走的那一刻，能多一分平靜。很慶幸自己沒有因為氣味難聞而離開病房，留下遺憾。

口腔癌病人因腫瘤影響外貌，又散發異味，容易與人疏離。因為志宏，我後來向國民健康署爭取到小額經費，宣導預防口腔癌。

當時照顧癌症病人的資源、知識與技巧都不夠，志宏提醒我們，癌症患者的身心都需要關注、病房環境也需要改善。我們試著用精油改善病房的氣味、用咖啡渣吸附異味，並放置空氣清淨機。傷口照護的技巧也在進步，減少疼痛與氣味。

志宏太晚被轉介到安寧病房，來不及接受較完整、包含身心的整體照護就去世了。這些年不論醫護人員或民眾，都比過去能接受安寧療護，資源也較多，病人在原病房就可以同時接受安寧療護團隊的共同照護（共照），早一點接受身心靈整體照顧，平順、平靜地度過人生最後一段旅程。

他的目光好像一直跟著我

我跟志宏只有一面之緣，但有位病人，我跟他連一面之緣都沒有。

張先生罹患胃癌，在從急診準備轉送病房的途中就斷氣了，手上還拿著手機，沒有闔眼。病人生前曾表示想捐大體，但因動過腫瘤手術而無法如願，家屬有些失望和遺憾。

我走進往生室時，張先生的眼睛還是瞪大著，好像我走到哪裡，他的目光就跟到哪裡。我冒了一身冷汗，背都濕了，但還是提醒自己安定下來，不要多想。我對著遺體說：「我很誠心地想要幫助您完成心願，如果有不周到的地方，請您見諒，也請您給我力量。」

後來我轉達器官捐贈的訊息給張先生的家人，雖然不能捐大體，但可以考慮捐眼角膜，讓另一雙眼睛重見光明，圓滿張先生的心願。

志宏和張先生同樣病情變化快、難預料，本來以為他們可能還有幾天時間，沒想到馬上走了。如何在短短時間內盡力滿病人的願，對志工是一大挑戰。有些心願看似窒礙難行，能不能轉個彎、退一步來實現？就像張先生雖不能捐大體，但捐贈眼角膜，一樣是延續了他的生命。當志工能夠調適情緒，安定自己的心，才有機會助人，讓生死兩相安。

果然是寶方

真心尊重每個病人

為照顧低收入戶病人，政府提供全額補助健保費的福利，簡稱「福保」。福保病人通常都是社會中的低收入戶，教育和生活水平可能不高，但是一樣希望被尊嚴對待。志宏是我服務的第一個福保病人，從背景資料得知他的家境貧困，生活艱難。

我一踏進病房就聞到志宏傷口的獨特氣味，如果心生畏懼而閃躲，會傷害到病人的自尊心。因此，我不坐在氣味直衝的正對面，而是坐在他的側四十五度，除可避開腐臭的味道，也讓他覺得未被歧視，能較放鬆自在。

我握住他的手表達感謝時，或許是之前的長期努力沒被看見，當被肯定的一刻，他的情緒決堤了。在放聲大哭中，他終於將心中積壓的委屈全部釋放出來。能真心尊重、心生感謝，病人自然會接納善意的關懷。

地瓜阿嬤漫長的告別

阿嬤慢慢忘了過去，忘了眼前的人是誰，
但她依然有喜怒哀樂，渴望情感的慰藉。
當長輩退化成孩童般需要呵護，
如何陪他們走過這漫長的旅程？

失智症是高齡化社會的挑戰，只要活得夠久，人人有機會，家家得面對。它的病程約八到十年，甚至長達十五年，因此被稱為「漫長的道別（long goodbye）」。我認識一位賣地瓜的阿嬤，便經歷了這漫長的旅程。

失智症的症狀並不像中風、心臟病那樣「驚天動地」，讓人突然倒下，而是藏在生活細節裡。阿嬤近七十歲時，夜裡起來上廁所，上完就坐在廁所門外，或者走來走去繞圈圈，好像不知道怎麼回房間。兒女覺得媽媽變得跟以前不一樣，帶她去看醫生，確診是初期到中期的失智症。兒女這才想起，媽媽過去也曾在家附近走失一、兩個小時，只是家人並沒有警覺，以為老了有點迷糊很正常。

照顧失智者，勞心又勞力

阿嬤跟先生同住，阿公脾氣不好，長期以來對阿嬤惡言相向，幾乎是語言暴力。阿嬤失智後，因為腦部退化，記憶力衰退，會忘記關瓦斯，行為也出現種種異常，比如誤將殺蟲劑當眼藥水，噴自己的眼睛，阿公便罵她「神經病」、「瘋子」，甚至想跟太太一起喝農藥「巴拉刈」同歸於盡。

阿嬤有高血壓病史，後來不幸又中風，雖然命救回來了，但因為中風影響腦部血液循環，加重退化，比如一直拿塑膠袋打結，重複同樣的動作。

失智症患者雖然大腦退化，但四肢健全。阿嬤中風後身體有些偏斜，但仍然很有力氣，像「超級瑪莉」，在病床上每隔幾秒就想起身，有些躁動，無法好好休息，家人必須時時刻刻陪在旁邊，即使輪流照顧，還是有些吃不消。

「我母啊！」哭調引人側目

某天，阿公因感染了肺炎，住進加護病房，病情愈來愈嚴重，我帶阿嬤去看他，可能是最後一面。阿嬤看到阿公後流淚，但似乎又不是那麼理解發生了什麼事。

阿公去世了，阿嬤開始不停唱哭調：「我母啊！我母啊！」就像裝上不斷電的電池，永無止盡，如魔音穿腦，家人試圖阻止她但沒用，幾乎崩潰，也不敢帶阿嬤出門或看病，怕別人異樣的眼光。果真是「失智者長壽，照顧者難受」。

我請教專家，阿嬤為什麼會不斷重複哭調，專家認為，她能出聲其實表示生命徵象穩定，退化沒那麼嚴重，到了重度失智，連聲音都發不出了。然而照顧者的困擾要如何解決？我曾陪阿嬤出門，她不斷唱哭調確實引人側目，家屬的無奈、難堪，我有同感。我建議家屬可向關心者說：「不好意思，她生病了，控制不了。」緩和尷尬的氣氛。

直到兩年後的某一天，阿嬤的哭調突然停了。

頭腦不靈光，但仍有喜怒哀樂

有一次阿嬤很正經地對我說：「寶方，我快死了。」我問她為什麼這樣想，她卻說不出來。

失智者會產生幻覺，看到不存在的東西。某一天她突然說：「窗戶裡有兩個媽媽，你去看看！」我有點怕，心裡念「阿彌陀佛」。這種情況最好順著她，而不是跟她講理，畢竟她已生病了。

雖然認知功能退化，但失智者依然需要情感的慰藉。阿嬤的姊姊來看她，兩位長者依偎在一起閒話家常，畫面很動人。那一刻，阿嬤跟一般人並無不同。

她也一樣有喜怒哀樂，可能說不出來，但會用肢體動作表達。比如外籍看護剛來，阿嬤跟她沒有什麼互動，有時好像還不太高興，但時間久了，彼此熟悉，阿嬤開心時會摸摸看護的頭。

我不當阿嬤是病人，而當她是一般人，如常對話。她有時不了解我在說什麼，沒有接話，我就自問自答。她會摘肉桂葉給我聞。失智者雖然不一定記得眼前的人是誰，但還是知道誰對自己友善，會表達情感。

當爸媽變小孩，兒女難調適

父母是堡壘，為我們抵擋逼進的死亡；只要他們活著，我們就可以幻想自己也能永遠活下去。人生路上他們始終和我們長相左右。堅強而慈愛的父親和母親，養育、保護我們，他們怎麼可能出事呢？

美國老年醫學醫師傑拉德．溫諾克（Jerald Winakur）在《爸爸教我的人生功課》（*Memory Lessons: A Doctor's Story*）中記錄父親失智的歷程，也寫出普天下兒女難以接受父母老去的複雜心情。

失智者慢慢遺忘過去，某種程度也是減輕了人生的負擔，但是對家人、照顧者是很大的考驗。父母原本是兒女的依靠，但失智後角色互換，生活起居需要兒女照料。要接受父母退化成小孩，對兒女是很強烈的衝擊，往往要一段時間才能調適。

家屬在照顧上也不易有共識，有人覺得順其自然就好，有人主張積極治療；失智症病程長，如何分攤照顧責任，也常引爆家人失和，阿嬤很幸運，有五個子女輪流補位。

現在阿嬤已八十多歲了，退化到長期臥床，看護和家屬有時扶著她站起來，希望幫助她維持體能。

感謝阿嬤，讓我有機會學習跟失智者相處，更了解失智症。

後來榮總有位志工也罹患失智症，每天跟家人說「我要去當志工」，往臺中火車站方向走（榮總在反方向）。我聽了覺得心酸，去探望他時，當面邀他當志工隊顧問，他很開心。他在榮總當志工十幾年了，讓他繼續做熟悉的事，找回意義感，我相信對他有益，照顧者也可以喘口氣。

遺忘，是殘缺也是幸福

失智症患者某種程度是幸福的，忘了過去，也不擔憂未來，單純活在當下，不必再背負那麼多記憶。

有位長輩習慣碎碎念、被家人嫌嘮叨，但失智後行為舉止大為改變，停止嘮叨，變得如少女般可愛。失智症或許讓生命有部分殘缺，有時看它卻是幸福。但是對家人、照顧者而言，確實是很大的衝擊，需要同理與支持。

失智者的形體並沒有改變，仍是我們的父母、家人、朋友，但神識已非。跟失智者相處，讓我更加體會到無常。生命的實相，便是無常。

果然是寶方

善解人意的陪伴

照顧失智老人的家屬非常辛苦，如何接納病人的遺忘和疾病衍生的種種問題，並面對旁人異樣眼光，這些都考驗著家屬的身心極限。有些家庭過不了難關，不是將問題丟給安養院，便是將失智老人關在家裡。

如果過度地主動關懷家屬，反而可能造成身心疲憊的家屬困擾。此時，不妨耐心地陪伴家屬面對種種問題，慢慢建立起信任的關係，當對方遇到困境時，自然願意主動提出協助需求。

我從阿嬤的家人了解她過去的生活模式，找出她以前務農時使用的茄芷袋，藉由編織袋子讓手部避免退化，同時也連結過去的生活經驗，成為維持專注力的方法，方便家人照顧。

珍惜生命，珍惜擁有

一念執著，她以死威脅，
沒想到不但無法如願，還平白失去健康。
她在佛堂放聲大哭，
這一切還來得及彌補嗎？

我在安寧病房的佛堂遇見了她。素華正值三十多歲的盛年，容貌清秀，因自殺未遂而住院，病情穩定後，坐著輪椅來禮佛。

從剛結婚到孩子出生，素華一直不想跟婆婆住，但先生是獨子，父親早逝，他認為自己有責任照顧母親，不想搬出去。

素華始終沒有放棄成立小家庭的念頭，但先生也不退讓，兩人沒有共識，僵持著。素華為此痛苦不已，某日吞下大量安眠藥，企圖自殺，所幸及時被家人發現，送急診洗胃撿回一命。

社工曾去訪視，素華的先生說：「什麼事都可以順著太太，唯獨搬出去住不行。她嫁給我，為什麼容不下我媽媽？」這件事依舊無解，看不到轉圜餘地。

以死相逼，仍無法如願

不到一年，她又割腕，當時孩子在旁目睹，受到極大驚嚇，好在緊急送醫救治後再次救回。

她屢屢以死威脅，然而先生還是不為所動，沒有打算獨立門戶。娘家親戚勸她，但她就是放不下，覺得婆家不是自己家，沒有歸屬感，心結難解。

她問先生：「你選我還是選媽媽？」先生不願選擇。她悲憤交加，三度自殺。清潔劑嚴重灼傷食道和胃，她真的命大，又被救回。

在莊嚴、寧靜的佛堂跟素華見面，我試著同理她身為媳婦的感受，跟她聊起來：「你不想跟婆婆住，有其他原因嗎？婆婆對你不好嗎？」

「婆婆沒有待我不好，我只是單純想自組小家庭。我常常想像自己跟先生、孩子獨立生活的樣子。不跟婆婆同住，不代表拋棄她、不關心她，我不懂我先生為什麼堅持一定要住在一起。」

「孩子出生後，婆婆幫忙帶孩子，減輕你很多壓力。」我試圖緩頰，提醒她不妨用感恩的心與婆婆相處，但她無法認同，面容愁苦。

「為什麼來佛堂？」我換個話題。

「因為心裡很苦。我的心願一直沒辦法實現，連娘家親戚也不理我了。我只想死，沒想到死不了！」說著說著就哭了。

佛法認為人生有八苦：生、老、病、死、愛別離、怨憎會、求不得、五蘊熾盛。從素華身上，我看到了「求不得苦」。她以為用生命威脅，應該就能得到想要的，沒想到無法如願，連原本應該是避風港的娘家似乎都不接受她了。

我問她未來打算，她說希望有宗教團體能接納她，讓她學習一技之長，能夠自立，但也不知自己能做什麼。

「孩子怎麼辦？你自殺的時候，有沒有想到孩子？」我想用親情喚醒她。

「孩子看到我像看到瘟神，也許他們都覺得我無藥可救吧，也不來醫院看我了。」

「如果你搬出去住，實現了獨立成家的願望，但你先生因此而內疚、痛苦，怎麼辦？」

「這我沒想過。」

如果重來，她還是想求死

「如果可以重新來過，你會怎麼做？」

「我還是想死。」

我聽了她的回答，倒吸了一口氣，覺得她真是一個沒有責任感的母親。一股衝動湧上來，我脫口而出：「你真的那麼想死，那就去吧！一定要保證死得了，千萬不要只是癱瘓、動不了，還要別人照顧，而且浪費醫療資源。」

志工其實不該說這樣刺激病人的話，但看到她一再傷害自己的生命，當下實在忍不住。她聽到我竟然不是好言安慰她，可能也嚇到了，先是看著我，然後放聲大哭了幾分鐘之久。我提醒她，現在身在佛堂，何不看著佛菩薩的像，好好想想？

「我不是真的想死！但是現在什麼都來不及了，所有人都不理我了。」情緒稍平復後，她哽咽地說。

「你好幾次用自殺傷害自己和愛你的人，能夠活下來，一定有原因。來不來得及，都是看你的決定。」

「好，我願意配合治療，養好身體，再學一技之長，希望有單位願意接納我。」她一下哭，一下又收斂情緒。

「你起碼還活著，活著就有希望，有路可走。」我邊推著她的輪椅離開佛堂邊說。

「我真的可以嗎？」進電梯後，她將輪椅轉正，問我。

「只要活著，就有希望。」我重複這句話。她含著淚，頭低低的。

但願她聽進去了。將來她還需要接受手術、重建食道，再經歷漫長的復健，很辛苦。傷害、毀滅自己，不但達不到目的，還平白失去健康，往後的人生只怕更難行。這又是何苦？

珍惜每一口呼吸

相較於素華對人生的絕望，我反而在許多安寧病房病人的身上，看到了生命的希望。聖嚴法師曾說：「只要還有一口呼吸在，絕對不要放棄活下去的希望。」「只要還留有一口呼吸，就有無限的希望。」

擔任安寧志工三十年來，很少遇到安寧病房病人自殺的案例，雖然很多病人剛得知末期病情時，確實會萌生自殺的念頭，但是只要想到家人、醫護人員的付出，往往轉念更加珍惜生命的每一刻，因為有這麼多人在為自己盡心盡力。

我看到得罕見疾病、血癌、腦癌的孩子們，像一個個生命小戰士，為了活下去，每一刻都戰戰兢兢地奮鬥著。我看到病人以堅強的求生意志，忍受抽腹水等種種的不適，生命未到最後一刻，絕不放棄。對照素華的多次自殺，讓我內心感到非常衝突，不明白活得好好的一個人為何要輕生？幸福就在眼前，為什麼看不到呢？

一個人能否善終，決定在自己的心念，只有珍惜生命，才能夠以開放的心胸，接納各種善緣，擁有幸福。

果然是寶方

說反話是一種提醒

照顧病人應當和顏悅色，可是有時逆向思考說反話，當頭棒喝反而能提醒病人看清問題關鍵。

素華明明擁有非常美好的幸福人生，卻為婆媳問題，動輒對先生以死相逼，實在讓人費解。或許是因為她的人生一帆風順，沒有人敢直言，所以看不見盲點。大家都說好話當好人，誰來說真話當壞人？為了喚醒執迷不悟的她，我索性告訴她「想死就去死」。結果，她反而說出心裡真正的想法，並不想尋死。

忠言逆耳，鼓勵末期病人珍惜擁有並不容易，但如果能試著了解他們的內心苦處，志工或許能成為溝通的橋樑，幫人走出內心的迷宮。

生命在呼吸間

意外總讓人措手不及，無常往往比明天先到，
每一天都可能是最後一天。
正因為無常，所以每個當下都值得珍惜。

二〇二一年奧斯卡金像獎最佳紀錄長片《我的章魚老師》（*My Octopus Teacher*），講述製作人克雷格．福斯特（Craig Foster）與海藻森林中的一隻章魚建立友誼的特殊經歷，眾生有情，深深觸動觀眾的心靈。

人生也像一部影片，彷彿依著劇本演出，老化與疾病像是已寫在劇

本裡，看著家人或自己慢慢老去，或者罹患進展速度較慢的疾病，有時間做心理準備，當死亡那一刻來臨，衝擊不致太大。可是，每個人拿到的劇本不同，也不一定都會經歷老與病的階段，在我的志工經歷中，看到許多人的人生戛然而止，留下無限遺憾。那齣劇本，叫做「意外」。

一時衝動，一輩子的遺憾

一對老夫婦，吵吵鬧鬧了一輩子，某天阿嬤掃完地沒放好掃把，阿公用「三字經」罵她，阿嬤一氣之下竟喝鹽酸自殺，造成食道、胃部嚴重腐蝕，雖然送醫治療，但傷害已難以挽回，痛得在病床上翻滾，從送進加護病房到往生僅五小時。

一句粗口、一時衝動，一條生命就此殞落，造成一輩子的後悔。阿公恐怕沒想到，自己的幾句話會讓太太負氣自殺，而阿嬤喝鹽酸可能只想氣氣阿公，也沒想到會致命；而子女接到噩耗，更是錯愕，還不知道發生了什麼事，就被通知媽媽已病危。

我可以感受到兒女複雜、無奈的情緒：媽媽自殺，而「始作俑者」是爸爸，兩邊都是至親。他們那股莫名的憤怒，不知該向誰生氣、發洩情緒；更心疼媽媽死前痛苦，並非安詳去世，而加護病房不能讓家屬長時間進入陪伴，他們和媽媽硬生生被拆散，才幾小時就天人永隔了。

安定心念，為陌生亡者臨終關懷

意外總讓人措手不及。我的朋友李大哥在爬高山時，同隊一位不相識的山友疑似心臟病發而猝死，遺體暫放在山莊一間單獨的房間。李大哥雖然爬山多年，但第一次遇到這樣的事，非常惶恐，打電話問我怎麼辦。

我先安撫他，教他念佛，安定自己也撫慰亡者，也請他打開手機擴音，讓我對著亡者做臨終關懷，告訴他發生了什麼事、現在在哪裡、身邊是誰在陪伴他、未來會發生什麼事，請他寬心、放下。

通常做臨終關懷，會先了解亡者過去的經歷，但此時狀況特殊，我不認識亡者，也沒有機會了解他的背景，當下先安定自己，憑著善念，完成關懷。

生死不明，反覆期待與失落

有位朋友也在爬高山時猝死，我陪同家屬一起處理。遇到山難這一類的意外，需要先蒐集資訊、了解現況，比如現在還在搜救，還是已經找到人？如果找到人，還有沒有救？這攸關接下來是要找救難人員，還是處理遺體的人。

生死未卜對家屬是種煎熬，反覆的期待與失落、與當事人的關係突然中斷，都是難以承受之重。如果已超過黃金救援時間許久還是找不到人，我會適時提醒家屬，可以考慮設個時間點，停止搜救。這也是顧及搜救所需的人力與開銷。

依照法令，失蹤人口要等七年才能結案，宣告死亡。這漫長的時間，哪怕知道存活機率渺茫，但家屬通常還是抱著一線希望，但最終還是不免失望，需要思考自己與失蹤者或逝者的關係該結束了，也幫助家中年幼的孩子了解，離開的家人不會再回來了。

不建議隱瞞真相。有位女性登山失蹤，遲遲未尋獲，家人不忍告訴長輩實情，只說去國外工作，很忙沒空回來。老人家一直期盼女兒來看她，卻一次次落空。

災區景象震撼，助人前先安定自己

我曾在九二一地震及八八風災後前往當地擔任志工，陪伴罹難者家屬。事實上，看到災區的景象，那麼多人瞬間失去家園和至親，當下自己的情緒也很混亂、沉重、難過。不過，想要助人，必須先安定自己，我試著平靜思緒與感受，再去接觸受災民眾或罹難者家屬。

志工不需要抱著「使命必達」、「一定要解決問題」的想法，我們主要的工作就是陪伴。陪伴受災民眾或罹難者家屬，其實不需要過多言語，因為災難發生時，陪伴者也不完全了解狀況，太多言語不見得恰當。可用行為表達關心，比如攙扶著他、提醒他注意行走安全、注意他有沒有進食及喝水等。

也不需頻頻遞衛生紙，安慰他「不要傷心」。遭遇意外、失去財產或親人，悲傷、哭泣是自然反應，不妨讓他盡情宣洩情緒，什麼時候停止，由他自己決定。

如果要陪伴家屬去看亡者遺體，可以引導家屬對亡者說話，表達情感與感受，而不是一直要他「不要哭」。這麼做，是希望避免家屬事後才想起有些話沒對亡者說，留下遺憾，同時也是關係的整理與完結，幫助活著的人慢慢走出過去，面對未來。

生命在呼吸間，無常隨時會來

很多意外其實可以避免。二〇二一年有名婦人在宜蘭登山時失蹤，我參與了搜救，當時沿路看到許多登山者穿著輕薄，沒帶雨具，完全沒有考慮到山區的天氣變化。不了解大自然，也不心存敬畏、做好準備，看到風景美就貿然進入，等於把自己置於高風險之中。生與死其實是並存、交錯的，一不小心就會失去生命。

《佛說四十二章經》中記載，佛陀曾問弟子：「一個人能活多久？」弟子回答：「幾天之間。」佛陀認為答案不對；另一個弟子答：「生命只有吃一頓飯的時間。」佛陀仍然認為弟子還不夠了悟道理；直到第三個弟子答：「生命在呼吸間。」佛陀讚歎他了解真理了。

人生有多長，真的沒有人知道，每天都可能是最後一天。如是思惟，就會感恩，就會珍惜，正如晚課時〈普賢警眾偈〉的提醒：「是日已過，命亦隨減，如少水魚，斯有何樂？當勤精進，如救頭燃，但念無常，慎勿放逸。」

果然是寶方

情緒不失控

在安寧病房遇到老人家情緒失控，有理說不清的時候，不需要急著處理，不妨深呼吸，停、看、聽——停下來先不說話不回應，看看老人家的狀態，聽聽老人家的內心話。

你會發現，第一個好處是讓自己可以轉念，不出口傷人，造成難以挽回的尷尬局面；第二個好處是避免情緒化的反應，造成兩敗俱傷；第三個好處則是保持冷靜，理解老人家需要的是更多的體諒和關懷。

面對溝通不良的情況，如果能試著放下先入為主的成見，忍一下，停、看、聽，便能夠化解情緒，退一步海闊天空了！

垂死之家的震撼教育

當志工多年，我慢慢變得無感，連眼淚都流不出來。一趟印度行，眾生的苦近在眼前，讓我找回志工服務的初心。

我擔任醫院志工快三十年了，十幾年前，一度感到麻木、疲憊、失去動力，一趟印度加爾各答之行，讓我重新找回助人的熱忱。

當時我擔任志工已十多年，在醫療現場服務，旁觀他人的生離死別變成例行公事，很難再觸動我。

以前我動不動哭得唏哩嘩啦，離開醫院後必須先繞到別的地方，等心情平復後再回家，甚至個案去世後，仍掛念不捨；但經年累月後，竟發現自己熱情耗竭，情緒變得很平，看到老病死，竟沒有眼淚了。我自問：當志工的初衷還在嗎？是不是為了助人而助人？為什麼變得無法體會病人的苦？我想，我該暫停一下了。

人住垃圾堆，景象震撼

當時，有些民間組織在推動國際志工，而我正好讀了德蕾莎修女（Mother Teresa）的傳記，她立志為最貧苦的人服務，我深受感動。對她創辦的垂死之家雖然只有一知半解，但自認已在臺灣的醫院服務多年，應該可以勝任志工，便決定前往加爾各答。

志工在照顧別人之前，要懂得先照顧自己，我知道印度缺乏基礎建設、衛生條件不佳，便在臺灣準備好隔離衣帶去。

到了加爾各答，計程車載我前往志工旅館，一路上，許多地方像廢墟、空城，景象震撼，好像走在地獄的枉死城。

在旅館安頓好，隔天我便前往垂死之家報到。途中經過貧民窟，若不是親眼所見，很難想像怎會有那麼多人住在像垃圾堆的環境？怎會有這樣的世界？我的心情複雜，有種使不上力的無奈。

醫藥缺乏，身心皆苦

報到後才知道，垂死之家專門照顧傳染病病人，有兩、三百人，最多的是疥瘡患者。

志工穿上防水圍裙，而我穿上從臺灣帶去的隔離衣，我們的工作包括收病床的床單、洗乾淨，再爬上屋頂去曬，也幫忙刷地。一間病房有三十餘人，沒有廁所，隨時可能踩到排泄物。

到了第三天，不知道是不是因為我穿著隔離衣，修女看我裝備齊全，便調我去照顧病人。印度藥物缺乏，疥瘡病人無法得到完整治療，有些病人連大腿、甚至下體都被疥蟲咬，忍不住搔抓，造成潰爛流湯，實在令人不忍。

韓國志工被病人傳染疥瘡，抓到全身破皮。坦白說，我也害怕「中獎」，晚上回到旅館，只要皮膚覺得有點癢，就擔心是不是有疥蟲跳到我身上。

利牙搶食，竟是最後一餐

有一天，修女安排我去餵臨終病人吃飯。病人是位女性，躺在窗邊，眼球突出、臉部削瘦，整個人皮包骨，恐怕不到三十公斤。

臺灣的臨終病人多半沒有食欲，但眼前的病人卻等不及我餵，幾乎是來搶我手上的餐盤，我示意她慢一點，她還是狼吞虎嚥。她張開嘴時，我嚇了一跳，因為她的牙齒是尖的，瞬間我覺得這一幕有點熟悉，但又說不上來。

她吃完，我去放好盤子再回來，她竟然就斷氣了。這是她的最後一餐。我看著工作人員把她用白布捆好，穿上木棍，抬去恆河邊火化。她的一生就這樣結束了，而我跟她的因緣就只有一頓飯的時間。

貧病交加，人間地獄在眼前

我突然想起《地藏經》用「口牙外出，利刃如劍」來形容夜叉，我剛剛服務的病人，不就是這樣？經典中的描述，活生生在我眼前。

雖然國際援助不斷，但印度地大人多，總有資源到達不了的地方，再加上衛生條件不佳，許多民眾貧病交加。當資源有限，民眾也只能接受自己如此被對待。看到印度貧民窟、垂死之家受苦的眾生，會覺得人間地獄真的存在，對我來說像一次生命的震撼教育，更感受到《地藏經》的不可思議。

或許是因為當地什麼資源都缺，一旦得到，就很知足。印度人喜歡鮮豔的顏色，我便去買色彩豔麗的指甲油幫女性病人擦，這樣的小舉動竟然讓她們很開心，笑容燦爛。第二天再見面，她們主動對我微笑，關係拉近了一些，我幫忙更衣時，也感受到她們的肢體比較柔軟，不像前幾天那麼僵硬。

眾生的苦，再度觸動我

在垂死之家服務的經驗，讓我看到生命的苦與無奈，但同時也看到了韌性。那位臨終病人，那樣熱切地搶食，即使生命剩最後幾分鐘也要奮戰，生命的奧妙，讓人猜不透。異地眾生的苦，觸動了我生而為人的覺知。回臺灣後，我又會掉眼淚了。

走過低潮，後來每當遇到其他志工有類似身心耗竭的狀況時，我會建議他們暫停服務一陣子，停下來檢視、重整自己，準備好了、覺得又有動力了，再回來服務。

志工服務想要長久，「情緒管理」是重要的學習。一方面不宜過度投入情感，但另一方面，只要是人，心中有些觸動、感受也很正常，不需要過度壓抑、故作堅強。過與不及的拿捏，非常微妙。

看到個案的遭遇，我會有「這就是人生」的感慨，或者去想：如果自己或家人遇到類似狀況，怎麼辦？這並不代表動輒哭哭啼啼，而是保有覺知能力。

不忘初衷，動力湧現

加爾各答之行，眾生的苦每天歷歷在目，激盪著我的內心，也讓我思考自己當志工的初心。

二十三歲那年，雙親在三個多月內相繼去世，當時我才大學畢業，沒有多少醫學常識，那個年代也完全沒有安寧療護的觀念，父母因而在臨終前都受了不少苦，我很心痛，至今覺得遺憾。

後來我開始思考：我沒有機會再盡孝了，我就用他們給我的生命回饋社會，希望別人不要再受同樣的苦。我不知道自己能幫多少人，但能幫一人是一人。於是我走進醫院擔任志工，學習陪伴一個又一個病人與家屬度過疾病與死亡的難關。

發願當志工並不代表一定事事順心、沒有挫折或阻礙，但只要找回初心，一切變得簡單明瞭，便有動力繼續前行。

果然是寶方

不需要偽裝自己

前往印度加爾各答的動機，是為了找回迷失的自己。志工做久了，竟然像個沒有感情的機器人，將他人的生死視為家常便飯，不知道自己為何會變得如此冷漠。

很多佛教徒會被貼上標籤，理所當然地要像觀音菩薩一樣柔和忍辱、救苦救難……，世界上哪有如此完美的人呢？「自我覺察」對於醫療人員和關懷者都非常重要，當服務的熱情已被工作淹沒，不妨留意自己的心是不是生病了？「自我反省」是一種覺察和提醒，可以幫助我們深入自心，確認自己想要成為什麼樣的人，不必勉強成為別人眼中的完美菩薩。

做志工不需要偽裝自己，坦然接受身心俱疲的自己，給自己調整的彈性空間，才能守住初發心，保持長遠心，隨時隨地重新出發！

第二篇

告別的勇氣

傾聽病人的心聲

這對夫妻分分合合，更遇到罹癌的磨難。
太太除了承受疾病的痛苦，更要承受先生的情緒。
她的心聲誰聽得到？

秀玉和文彬是一對歡喜冤家，因為個性不合，婚後吵吵鬧鬧，才三十歲出頭，竟然已跟對方結婚四次、離婚三次。

疾病（尤其是重病）帶來的壓力，對親情和人際關係是一大考驗。有些夫妻或家庭因為家中有人生病而更凝聚，但因此而更疏離，甚至感情破裂的也不在少數。文彬夫婦也遇到了疾病這道關卡。

秀玉在做試管嬰兒的過程中，同時發現了卵巢癌，已轉移到腸子、骨骼。準備迎接新生命的期待與喜悅瞬間蒙上陰影，晴天霹靂也不足以形容他們的感受，焦慮、憤怒、憂鬱籠罩著這對年輕夫妻。

分分合合，婚姻如兒戲

秀玉治療卵巢癌的效果不好，輾轉來到了臺中榮總安寧病房。文彬親力親為照顧太太，但脾氣有點暴衝，一言不合就不見人影，留下秀玉暗自落淚。

我找機會跟秀玉聊天，她很健談，不知不覺聊到嗎啡打完了都不覺得痛。有一陣子病況穩定，她請假出院，邀我去吃她最愛吃的成都菜。對她來說，吃辣是療癒，不過因為病情不宜吃刺激食物，只能淺嘗。我其實不太能吃辣，沒吃幾口，就被辣到臉發紅、頭皮發麻，但為了陪病人完成心願，還是吃了。

她打開話匣子，說起跟文彬分分合合，結婚、離婚數次的經歷，頗多無奈，但似乎又離不開對方。

承受疾病與情緒，真辛苦

文彬希望秀玉嘗試偏方，減輕腳水腫的不適，但她一吃就覺得全身不對勁，不想再吃，文彬為此不高興，情緒失控，秀玉無力反抗，默默流淚。我從旁觀察，病人既要承受疾病之苦，又要承受先生的喜怒無常，無法改變雙方的相處模式，實在辛苦。

秀玉生日那天，我陪她完成剪頭髮的心願，又去寶雲寺禮佛，她跟文彬分別抽了心靈處方籤，一人抽到「當你體認到自己的智慧不足時，智慧已經在無形中增長了」，一人抽到「忙時不要覺得無奈，閒時不要覺得無聊，才不致隨波逐流，茫茫然不知所以」，兩人都覺得很符合，會心一笑，我在他們身上看到難得的祥和。

那天之後，秀玉的病情每況愈下，髖關節因為被癌細胞侵蝕而脫臼，醫師建議動手術固定、減輕疼痛，但夫妻兩人都很猶豫。

秀玉知道自己恐怕來日無多，問我：「如果我要走了，你會在旁邊陪我嗎？」

我答應了。

用另一種形式陪她到最後

她去世的那一天，意識清楚，打電話給我：「我不行了，我很累了，要走了。」就在通話過程中斷氣了。

我有事無法立刻趕到醫院，便在電話中引導：「你現在要進入另一種狀態，會覺得無助，但不要害怕，菩薩會守護你。發願往生淨土，到了那裡就不再有病痛。以前擔心的事，都可以放下，我們會盡力幫你完成。」我也感謝她對我的信任，當我是姊姊。我也算用另一種形式實踐承諾，陪她走完人生最後一程。

文彬整理太太的遺物時，挑了一只手鐲要送我留念。基於志工倫理，我不應該收禮，便對文彬說：「我暫時保管，你隨時可以拿回去。或者等安寧病房義賣，再把它捐出來跟別人結緣。」

以愛為名，對方失去自主

這對夫妻大吵小吵不斷，但生活中早已習慣對方的存在。秀玉走後，文彬悲傷了很久。我們偶爾用 LINE 互相問候，他自知脾氣急躁，對病中的秀玉造成困擾，因而有些懊惱、後悔，甚至自責是不是自己加速了太太的死亡。

我肯定他對太太的付出，也委婉地提醒他，要學習控制脾氣。

生病對病人來說不容易，對親近的家屬來說何嘗不是如此？他們陪著病人一起度過疾病的不適和治療的辛苦。但正是因為病人與家屬如同「命運共同體」，家屬有時會以愛為名，為對方做決定，卻剝奪了病人的自主權，病人的意願沒有得到尊重。就像文彬不顧秀玉的意願，一味希望她嘗試偏方。

我不禁想：雖然親如夫妻、父母與子女，但我們能說「因為我愛你、我是為你好，所以你必須聽我的」嗎？請聆聽病人真實的心聲吧，每個人都有權利、有能力為自己做決定。二〇一九年起實施的《病人自主權利法》，正是鼓勵每個人在健康、清醒時，就簽署預立醫療決定，為自己做主。

文彬也讓我思考，遇見強勢的家屬，該怎麼應對？我會先停、看、聽，找機會徵求家屬同意；我能不能提出不同觀點供參考？沒有誰對誰錯，而是往對病人更有幫助的方向思考。

你需要的時候，我會在

而面對病人，除了聆聽，更要聽到內心話，不管是正面或負面的情緒或言語，都接受、不批評，鼓勵對方說，我再從中找到可以關心或協助的點。

疾病會影響家庭成員間的互動，甚至勾起新仇舊恨。如何不介入家務事，但又能真正幫到病人、圓融處理，需要學習，也需要智慧，分寸才能拿捏得宜。

我會時時提醒自己志工倫理，重要的是，「念頭」要清楚。和家屬或病人談話前，先建立關係、培養信任，說明自己在服務中的角色，不越權，並先和醫療團隊討論。我的名字是「張寶方」，我會對病人和家屬說：「這『張寶』貴的『方』法用不用得上不知道，但是你需要的時候，我會在！」

安寧志工需要不斷學習和思考，並從一次次的服務中體會生死。看見生離死別，我仍然會無奈、感嘆、悲傷……，有時投射到自己的內在，觸動心緒。但我並不迴避，它非好非壞，就是真實的存在，是生命中不可或缺的經歷。無數生死模擬考，幫我更確定臨終時的方式和方向，往下一站前進。

果然是寶方

別讓愛成為心理負擔

夫妻的相處之道是一生的功課，處在封閉的病房裡，愛恨交織的家庭問題更是無法隱藏。太過沉重的愛，是以愛為名的情緒勒索，會讓病人有窒息感。

秀玉對於被迫服用偏方，感到苦不堪言，抱怨連連，先生卻視若無睹，要她堅持下去，等待奇蹟。文彬一心想救回秀玉的生命，充滿掌控欲的愛，認為自己所做的一切決定都是為了太太好，只要對方心生抗拒便情緒失控，讓病人的身心都遭受折磨。

醫療方式意見分歧的夫妻，在醫院屢見不鮮，溝通的關鍵，通常在於願不願意靜心傾聽和理解對方的需求。當我前往安寧病房陪伴秀玉聊天時，她非常快樂，一、兩個小時都不用打嗎啡止痛，讓我不禁思考她的疼痛感，是來自病症，還是心理因素？臨終病人所剩的時間已不多，家屬若能放下愛的執著，或許才能讓病人在愛的天空裡自由飛翔吧！

可以堅強，也可以脆弱

明明很痛，他卻從不喊苦。
真實的他，彷彿藏在一堵高牆之後。
表現真實的情緒，並不代表懦弱。

美國作家芭芭拉．艾倫瑞克（Barbara Ehrenreich）罹患乳癌，她參加病友團體的活動時，發現充滿著過度樂觀的氣氛，大家深信「堅強、樂觀是最好的抗癌藥」，用「癌症是張門票，讓人體驗真正的人生」等勵志小語互勉。芭芭拉很難融入，她不懂，明明罹癌與治療的過程都很辛苦，為什麼不允許病人表達真實的情緒？這樣做對病人真的好嗎？如果病情惡化，就代表病人不夠樂觀？她在《失控的正向思考：我們是否失去了悲觀的權利？》（*Bright-Sided: How Positive Thinking is Undermining America*）一書中提出疑問。

我也曾遇過堅強的病人，然而背後似乎隱藏、壓抑著情緒⋯⋯。

明偉在海外工作多年，晚婚，有兩個女兒。為了給孩子更好的生活與學習環境，他把她們送到國外讀書，太太也陪著去，他獨自一人留下打拚工作。

經商免不了應酬、喝酒，久而久之，埋下健康的隱憂。有一陣子他覺得特別疲累，檢查發現肝功能異常，他擔心健康已亮起紅燈，返臺進一步檢查，確診是第三期肝癌。當時他不過五十出頭，正值壯年。

配合治療，還是痛到想跳樓

他決定留在臺灣接受治療，做了放療及栓塞治療，然而半年後依然惡化、腫瘤轉移。太太、女兒都在國外，只能短期回來探望，主要照顧者是兩個妹妹。

每次治療都很辛苦，雖然已用口服嗎啡控制疼痛，但效果有限。直到有一天，他痛到再也無法忍受了，對家人說：「如果我現在站在高樓，那種痛會讓我想跳樓。」

我聽了家人的轉述，有點驚訝，因為平常我去探視，他從來不曾喊過痛，更看不到無助脆弱的一面，沒想到他獨自承受疼痛很久了。

我不禁想：明偉過去的堅強是真實的他嗎？他創業有成，工作上全力以赴，生病後的堅強會不會也是「努力表現」出來的？身為志工，我該怎樣深度觀察、理解一個人？如何看到更深層而非表面的他？

人後，才是真實的他

病情每況愈下，他也感受到自己愈來愈虛弱。我想，應該是開啟下階段關懷的時候了。「你對現在的狀況有沒有什麼想法？我們都希望病情好轉，但有時可能不如預期，有沒有什麼事你想先做？」我問，也提起了安寧療護。

明偉沒有明確回答，只說：「相信醫師，把自己交給醫師。」他習慣寫筆記，他妹妹從筆記中看到，明偉對財產已有安排，也交代孩子一些事，似乎這些重要的事他都有準備。

情緒就像鐘擺，時高時低，一般人如此，病人的情緒更常在希望與失望間擺盪。但或許是因為在意隱私，或者他總是習慣只表達正向情緒，也有可能是堅持男性尊嚴，在我面前，他從不表達太多情緒。筆記中記錄的似乎才是有血有肉的他，會擔心治療效果不好、會喊疼，但面對我時，卻又展現出勉力的堅強。

後來他插上氣管內管，進了加護病房。太太、女兒趕回臺灣，一致希望明偉別再受苦，同意拔管。

拔管前，高齡的母親來道別，告訴他：「安心、放下。」我帶著他女兒幫父親擦澡，藉由肢體碰觸再次建立關係。明偉意識模糊但可眨眼，似乎感受到所愛的人都在身邊，流下了眼淚。

接著我帶著家人向明偉道別。拔管後，他很快就去世了。

笑與淚，都是真實的自己

明偉啟發我去思考，如何跟不輕易揭露內在的病人相處？我學著細心觀察，比如病人明明皺著眉頭，嘴裡卻說不痛，或無故發脾氣，是不是隱藏了真實的感受？也可以從病人的經歷與背景，了解哪些原因讓他表現出現在的樣子。

如果有適當的機會，而我也跟病人比較熟，我會輕鬆地說：「哇，你好大男人喔。」然後引導他聊聊感受。若是我跟病人不太熟，就委婉地說：「如果不舒服，可以說出來，讓家人可以處理，不然他們會擔心沒把你照顧好。」

笑與淚，其實都是情緒的一部分，沒有好壞之分，也不需要刻意壓抑、隱藏；卸下武裝、表達情緒也不代表懦弱。如果怕家人擔心而什麼都不說，把牆愈築愈高，很可能錯過了寶貴的相處時光，徒留遺憾。

當然，志工的角色並不是以助人之名去操控別人，我提出想法或建議，僅供病人參考，至於做不做就看他。如果他無法接受，我也不會覺得受傷。我心裡很坦然，能屈能伸，沒有一定要達成什麼目標，盡心盡力、無憾就夠了。

放下包袱，面對真實的自己

生病很辛苦，除了疾病與治療帶來的不適，內心的衝擊也難以言喻。矛盾、衝突時常在心中上演、拉鋸。

疾病對生命的洗滌，常造成兩極化的反應，有人變得謙卑、感恩，也有人覺得所有人都欠我、怨天怨地，這可能跟個性及生命經驗有關。

生病後，能不能放掉過去的執著、包袱，展現真實的自己？這是明偉給我的另一課題。

長久以來，我給別人的印象，是開朗、活潑、正向、健康、樂於助人，但捫心自問，這似乎也變成我的「偶像包袱」。我是不是總是笑給別人看，眼淚留給自己？我總是想讓別人看到最好的一面，希望別人對我有好印象，那麼自己的價值何在？我留給自己什麼？是失落嗎？當人群散去，還是得面對真實的自己。

特別是到了生命盡頭，縱然有再多不捨，再多執著，也都得放下。那麼，在那一刻來臨之前，何不給自己機會，放下包袱，展現真實的自己，想笑就笑，想哭就哭吧。

以愛超越身心的苦難

明偉可說是很多中年癌症病人的縮影，對他們來說，生存的意義幾乎就是為家人而活，將一生都奉獻給家庭和工作。為了給家人更好的生活品質奮力工作，他們長年忽視身體發出的健康警訊，只有在生死交關的重病中，才終於意識到自己的存在。

明偉默默隱忍著無法言說的身體疼痛，從沒有爆發過情緒。他安然自得面對生死的態度，讓我覺得真是不簡單。對於肝癌末期雖有無奈的怨氣，但他很快地釋懷了，坦然接受死亡的威脅。他明明在生命之河裡，自己都已快沒頂了，仍只一心牽掛著家人，以愛超越了身心的苦難。

他的妻子和孩子，認為愛他的最好方式，就是不再讓他受苦，便同意拔管結束生命。他們從愛的角度來做決定，讓我深有感觸：臺灣的生死教育有一大迷思——寧可讓病人痛苦地離世，也要盡可能延長病人的壽命。我希望所有人都能在愛的祝福裡，尊嚴、安詳地告別人生。

為什麼耶穌、菩薩沒保佑我？

如果他真的在保佑我，為什麼我的病一直沒好？
平常有堅定的宗教信仰，遇到疾病卻動搖了。
當信仰深入內心，才能助人度過生死難關。

宇翔有先天視網膜病變，幾乎看不見。小學六年級時，眼睛、太陽穴周圍長出母細胞腫瘤，切除後又長出來，拳頭般大小的腫瘤長了三、四個，有些沉重，讓他的身體偏向一側，連聽覺都受影響。護理師每次幫宇翔清傷口，都要花兩小時，有時血會噴出來，並發出惡臭。

儘管努力配合治療，宇翔的病情還是不見起色，住進了安寧病房。或許是因為看不到也聽不清楚，我跟他說什麼他都用「嗯」來回答。別的孩子可用看電視、打電動來打發住院時光，這些青少年的「小確幸」對宇翔來說卻遙不可及，心中的苦悶無處抒發。

我每天去看他，牽牽他的手、說說話，想辦法跟他拉近距離、吸引他的注意力，持續了一個月，他卻幾乎沒有回應。我雖然覺得挫折，不知自己還能做什麼，但還是保持每天去看他。

聽到聖歌，他笑了

直到有一天，一位同樣視障的同學來看他，唱起聖歌，那麼純潔、神聖，不因宇翔身上有腫瘤、發出惡臭而恐懼。聽著聖歌，宇翔瞬間露出了笑容。同學後來還在病床邊禱告，不過宇翔並沒有跟著禱告。

宇翔的媽媽私下告訴我，孩子原本信主，可是生病後對信仰產生懷疑，便不再禱告。

那時我準備去爬玉山，出發前我跟宇翔說：「阿姨這幾天不能來看你了。」沒想到他竟然回應了，問我要去哪，我說要去玉山，他說：「玉山一定很難爬，加油！」我的眼淚快飆出來，過去一個多月我天天去看他，幾乎沒有聽他說過「嗯」以外的字句，但他其實並不冷漠、無感，我的噓寒問暖，他感受得到。

他好不容易打開話匣子，我便把握機會問：「那天我看到同學來唱聖歌給你聽，你很開心。」慢慢我們談到信仰，他說：「我覺得耶穌沒有保佑我。」我說：「其實信仰對人是有幫助的，我相信你需要耶穌。只是因為病情沒有好轉，所以你會生氣，覺得他沒有保佑你。」我心裡一邊在想：我還能為他做什麼？

期待同樂會，他變回活潑的青少年

從玉山回來後，我跟宇翔媽媽商量，邀同學來醫院為他辦同樂會，提前過生日。我跟老師溝通，請老師跟同學說，見到宇翔，自然互動就好，可以一起唱聖歌、禱告，但宇翔的身體狀況不宜多講話；同時也提醒同學，他的腫瘤會散發異味，要先有心理準備。

宇翔知道同學要來看他，很高興，開菜單給爸爸，他想吃披薩、冰可樂，還有夜市的小吃。本來爸爸和宇翔互動不多，藉著這次機會為兒子做些事，父子都開心。

有了目標和參與感，宇翔明顯有精神多了。在等待同樂會的十幾天，他會笑了，就像一般活潑的青少年。

看到宇翔的變化，我思索著：當生命將盡，要如何找出意義？如何在絕望中繼續活下去？志工的角色能促成哪些事？一開始接觸宇翔，他的反應讓我備感挫折，後來減少期待，反而有比較好的結果。

疾病無礙真情，好美的一幕

當時是寒假，透過老師聯繫，在開學前一天，有七、八位同學來到病房為宇翔慶生，老師、學校的牧師也來了。

宇翔當天清理過傷口，異味減少了，但仍有滲液。他坐在輪椅上，我對他說：「主耶穌會看顧你的，他沒有離開你。這麼多人來看你，要記得謝謝他們。」

他很自然地和同學哈啦互動，同學也沒有因為異味而不敢靠近他，圍繞著他唱聖歌。疾病與視力障礙無礙純真，也無礙情誼交流，我看到了好美的一幕。牧師帶領禱告，希望幫助宇翔與信仰重新建立關係，在這樣的氛圍中，宇翔也恢復了對信仰的信心，跟著禱告。

這場同樂會，應該給了宇翔美好的回憶吧。後來他出院，接受居家護理，一、兩個月後就去世了。

「菩薩沒保佑我」，生病考驗信仰

不管信仰什麼神明或宗教，生病對信仰是一大考驗。有人原本是虔誠的佛弟子，但生病後再也不進佛堂，深怕被佛菩薩接走。

我關懷過一位六十多歲的癌症患者，她埋怨：「我信菩薩那麼久，做了那麼多好事，菩薩都沒有保佑我，我的病沒有好起來。」

我安慰她：「或許菩薩已經在保佑你了。你願不願意試試看，把這張佛卡放在抽屜，心裡覺得不安的時候，就對著他說。」她接受了。

在為往生者助念時，也看到有些家屬把助念當成一種資源在利用，只是一種儀式，而不是出於內心深處的信仰，覺得「有念（經）總比沒念好」。然而這樣亡者又能獲得多少利益？

信仰深入骨髓，才能無懼死亡

我不禁想：信仰對人的意義究竟是什麼？要信到什麼程度才能幫人度過難關？

臺灣安寧療護推手趙可式老師曾到英國，向安寧療護之母西西里・桑德斯（Cicely Saunders）學習，趙老師問桑德斯女士：「面對死亡時，有沒有宗教信仰有差別嗎？」沒想到她回答：「沒有！」趙老師大吃一驚。桑德斯女士解釋：「重要的不是宗教，而是信仰。這個人的信仰有沒有滲透到骨髓、血液裡？如果信仰已深植骨髓、血液，面對死亡時一定不一樣，否則跟沒有信仰的人沒有兩樣。」

原來，信仰必須如此深入，才能幫人度過難關。一般人卻常把信仰當成「利益交換」，我信你拜你、捐錢、參加宗教活動，希望你保佑我，但是當遇到逆境、不如意、病痛，就開始質疑信仰了。

信仰隨順因緣，安心就好

臨終病人如果有堅定的信仰，可以讓它成為助力、往生的資糧；但如果沒有信仰，也不妨礙善終，畢竟接受宗教或信仰要看機緣，不能勉強。我遇過不少沒有信仰的病人，雖然肉體衰敗，但精神飽滿，保持著善念，甚至願意捐贈器官或大體，把握最後的機會貢獻社會，他們一樣能保有平靜的心，直到善終。

我學著用敞開的心看待不同信仰或宗教，哪怕病人的信仰偏向怪力亂神，我也尊重，因為那是他生命的歷程。只要信仰能夠幫助他安心、維持良善的心念、對往生後的去處有清楚的目標，那就夠了。

果然是寶方

放下得失心

宇翔是個讓人心疼的孩子，他不能像同齡孩子一樣上學和玩耍，只能在安寧病房靜靜等待死亡來臨。

上小學的時候，他深信無論遇到任何困難，耶穌都會保佑他，因此可以忍著病痛堅持不懈地治療，努力過好每一天。但是當他住進安寧病房，發現身體每況愈下，根本沒有重回校園的機會，覺得生命的陽光就此消失後，便一蹶不振，不只失去了快樂的童年，也失去了對信仰的信心。

他對我持續一整個月的探視，毫不理睬。做志工要放下得失心，如果抱持期待，難免患得患失。我不認為所有的病人都要接納我，只想純粹地為他們祝福。由於沒有期待，所以當宇翔回應我的問候時，真是一份美麗的意外收穫！

真誠懺悔，安心自在

想起自己曾傷害親密的家人，
他自責、懊悔不已。
誠心懺悔、彌補錯誤，與過往和解，
才能沒有罣礙地前往下段旅程。

「往昔所造諸惡業，皆由無始貪瞋癡，從身語意之所生，一切我今皆懺悔。」──〈懺悔偈〉提醒著眾佛子，然而多數人平時並不覺得自己犯過錯或負了誰，為什麼要懺悔？直到生命將盡，前塵往事如走馬燈在腦海中重現，懊悔、虧欠的感覺才湧上心頭。

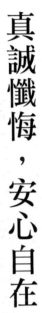

七十多歲、家財萬貫的企業家江總，在職場上呼風喚雨，眼裡只有自己的利益，只要是他想得到的，都會不擇手段達到目的，甚至為了爭奪家產，不顧念手足之情和母親苦苦相勸，和兄弟姊妹撕破臉。

面對過往，跟別人、自己和解

大半輩子都在往前衝，拚事業、拚財富，人往往在遭遇重大衝擊後，才會停下來看看自己。江總罹患心肺疾病和攝護腺癌後，發現自己過去大錯特錯，捫心自問：「為什麼我得到了這麼多財富，可是一點都不快樂？事業成功卻犧牲了健康，這樣的人生值得嗎？」他悔不當初，深自慚愧、懺悔，無顏面對家人。

臨終前，手足和親戚都不計前嫌，來醫院探望他，在病床前團圓。他大感意外，忍不住紅著眼睛問：「我過去對你們那樣無情，為什麼還願意來看我？」

「你永遠是我們的兄弟！」兄弟姊妹的回答，讓他感動不已。

雖然無法用實際行動修補對家人造成的傷害，但是透過懺悔心來和過去和解，不只是跟別人和解，也包括對自己的過往，一點一滴地和解與告別。而能夠與自己和解，才可能敞開心胸，邁向生命的下個階段。

轉化心念，成為祝福

然而，每個人的因緣不同，有時病人雖有心懺悔，對方卻不見得願意接受。

五十多歲的肝癌患者陳先生，年輕時拋家棄子，與外遇對象遠走高飛，留下債務給妻兒承擔。後來，外遇對象拿走陳先生一筆錢，就消失了。

陳先生與元配育有兩個孩子，當他知道病情不樂觀，回頭想想自己當年不顧家庭，沒有善盡為人夫、為人父的責任，十分懊悔，很想再見孩子一面。

志工幫忙聯絡子女，委婉表示「你爸爸的病情不樂觀，可能時間不多了」，但子女婉拒見面，後來志工再去電，子女更明確地拒絕：「請他不要再跟我們聯絡了，媽媽和我們都不想再受干擾。當年他留下一筆債務，害我們到處躲債、有一餐沒一餐，你們了解我們的心情嗎？」

家屬的反應其實在意料之中。我告訴陳先生聯絡的結果，他神情失落。不過，自己做的事只能自己承擔，我勸他：「以前做的事都已經過去了，重要的是未來。想想以前自己對家人做了哪些不好的事，在心中懺悔、向他們道歉，也原諒過去不成熟的自己，把這份心意轉化成祝福，祝福家人過得平安。」

逼太太離婚，自責做得太絕

夏伯伯，七十幾歲、肺癌末期，呼吸急促，跟我談起心中的悔恨。

他跟前妻育有五、六個子女，兩人同甘共苦，太太顧老顧小，讓他安心衝刺事業，他卻一時糊塗，與朋友的妹妹發生婚外情，而且還懷孕了，他很苦惱，不知該怎麼給對方一個交代。

他想出財產被查封之類的理由，逼著太太離婚。完成離婚手續的第二天，前妻回家拿東西，卻發現另一個即將臨盆的女人已住進來，儼然是夏家的新女主人。先是被騙、被逼離婚，接著發現原來真相是先生外遇，因為必須給對方交代，所以自己非成為犧牲品不可，這樣的雙重傷害讓前妻情何以堪、如何承受？

「我做得很絕、很過分。我太太沒有任何錯，是我犯錯。」夏伯伯對過去自己離譜、不成熟的行徑直言不諱，也非常懊悔。

來不及說抱歉，只有放下

更狠的是，他當時還禁止子女跟媽媽聯絡，硬生生拆散骨肉。不過子女長大後，還是想辦法找媽媽，跟媽媽同住。「孩子在成長過程中沒有媽媽，沒有得到好的照顧，我很不應該。」夏伯伯不斷自責。

讓他格外遺憾的是，前妻已去世，他欠前妻的道歉已無從表達。他曾跟子女說「我對不起你們的媽媽」，但孩子們可能是因為不諒解父親當年拋棄媽媽，聽了面無表情。

「你前妻已經展開新的生命了，我相信她已經原諒你了。你現在能做的，是把自己照顧好。過去的因緣，就放下。」我試著幫助他釋懷。

雖然陳先生無法圓滿見到子女的心願，夏伯伯也無法向前妻懺悔，但我希望多少能幫助他們放下心中的罣礙，帶著善念平順離世。

誠心懺悔，消弭罣礙

病人臨終前，如果有時間做生命回顧，往往會想起牽掛很久的事、對他人的虧欠，可惜時間有限，來不及把真實的感覺告訴對方，誠懇地說一句「對不起」。

「懺悔」和「後悔」是不一樣的，一般人常常是後悔，而不見得懂得懺悔。聖嚴法師曾說：「悔過，不等於悔恨。懺悔的意思是，反省自己已犯的過失，願意面對它，承擔起過失的責任，從此改正錯誤，決心不再犯過。」

真誠的懺悔，是善終的助力，如聖嚴法師所說：「一旦經過懺悔，就把罪惡感放下來，這不是說沒有罪了，而是在認罪之後，心理的牽掛障礙沒有了。」雖然到了生命末期，四大假合分離，身體有種種不適，但心中已沒有罣礙，不會成為善終的絆腳石。

對著菩薩說心事

如果無法安頓過往的生命經歷，只能帶著忐忑不安的心進入下一段旅程。而如何真心懺悔，就成為了臨終前的一門重要功課。

如果病人可以接受佛法，我會問他要不要去佛堂，對著菩薩把心裡話或無從表達的虧欠講出來，不要壓抑。很多人會說到情緒潰堤，我建議不妨讓他盡情抒發、不打斷。

也可以引導病人念佛，在佛號中把心定下來，並懺悔過錯，祝福對方也原諒自己。其他信仰的病人，也可以依自己的信仰表達懺悔。

用懺悔心幫助自己解開心結，安心、自在，終能輕盈、沒有罣礙地離開世間。

果然是寶方

善解人意的陪伴

家庭破碎的臨終病人，想要在家人的陪伴下善終，需要放下過去的種種恩怨，真心懺悔，才有和解的機會。然而，對家人過去的一點一滴傷害，很難因著一聲道歉，就一笑泯恩仇。面對這樣的難題，志工能做些什麼呢？

志工在陪伴的當下，因見病人的生命即將凋零，往往會想努力讓病人與家人和好如初。但事實上，臨終病人或家屬可能無法承受這麼多的善意。說句實在話，如果這些和解建議都非出自臨終病人，只是志工希望有個家庭和樂的圓滿結局，這些美意可能反過來造成困擾。

真正恰到好處的陪伴，應該是針對臨終病人的需求，量身安排處理，而非強人所難去修復失和的家庭，這也是一種體貼吧！

釋懷心事，輕盈遠行

沒能和男友走進禮堂，是她最大的遺憾。
終於，她願意釋放深藏的情感，
也放下了心中的包袱，
遠去時，行囊中只有美好回憶。

每個人多少都有心事，不想說，或者也找不到人說。但是在我的服務經驗裡，到了告別人間的時刻，不論用什麼方式，能坦然面對心事、解開心結，試著達到《心經》所說的「心無罣礙」，是善終很重要的一環。

經歷了長期化療，罹患血癌的護理師小竹，就像原本盛開的櫻花，被風吹散了花朵，只剩下空蕩蕩的枯枝。才三十歲的她，剃除了一頭秀髮，臉龐不再豐腴光滑，雙頰凹陷枯槁，體重剩不到四十公斤，瘦到不成人形。

她總是靜靜望著遠方，沉默不語，彷彿被掏空了。她為何總是盯著遠方沉思？我試著打破凝結的空氣，想輕鬆聊聊天，她卻刻意迴避話題，似乎有不願啟齒的心事。我能怎麼幫助她？

凝視照片，觸動深藏的感情

「想去哪裡走走嗎？」我問。

「科學博物館。」她不假思索，立刻回答。那是她從小就熟悉的地方。於是一群志工、社工浩浩蕩蕩地陪著她去圓滿心願。

當我推著小竹的輪椅經過一張照片時，她請我停下來，靜靜看著照片出神。原來那張照片觸動了她深藏的感情，想起男友冠鴻，而她就這樣打開了心房，告訴我一段刻骨銘心的愛情。

他們本已論及婚嫁，血癌卻硬生生阻撓了這樁喜事。冠鴻的家人得知小竹的病情後，一夕之間態度大變，不但沒有安慰她，反而希望他們斷絕來往，更別說完婚。

為了不讓男友為難，小竹主動提出了分手，卻始終耿耿於懷，不只是因為多年情感，還因為冠鴻經常在她家附近徘徊，從遠方眺望，或向鄰居探問病況，但就是沒有直接跟她聯絡。她明白自己始終都無法割捨這段感情。

最後一次相見，滿心祝福

我建議她，不妨主動聯絡男友，讓彼此都有機會說說心裡話，試著釋懷、不留遺憾。她同意了。

我聯絡上冠鴻，問他能否來安寧病房探視，希望藉此重新建立新的關係，但是不必有道德壓力，病人也不會有特別的期待或請求，他可以自行決定是否見面。他雖然有些顧慮，最後還是聽從內在的聲音，前來會面。

我特別安排可以自在聊天、釋放情緒的獨立空間，畢竟這不只是久別重逢，也可能是最後一次見面了。

在蒼白瘦弱的小竹面前，壯碩的冠鴻就像一棵大樹。小竹用纖細的手輕輕安撫他，並拍肩鼓勵：「雖然我沒有機會陪你走向未來，但是非常感謝過去曾擁有過的美好日子，請你一定要保重，務必要幸福。」

帶著幸福感前行，不再遺憾

冠鴻忍不住放聲大哭。他一直都覺得虧欠，在女友最需要陪伴的時候，卻接受了分手。他不斷連聲說：「對不起！對不起！」小竹說：「這不是你的錯，是我的身體不爭氣。還好我們有過去的回憶，我才能這樣一路走下去。你要照顧好自己，希望你可以遇到好對象，過著幸福的生活。」

兩人把心裡的感受都釋放了。未能步上紅毯的遺憾，藉由重聚得到了釋懷，我看到小竹在生命最後半個月，不但疼痛得到緩解，而且一天比一天開朗，臉上常帶著甜甜的微笑，願意多和家人、醫護人員聊天。

「我沒有辦法選擇命運，只能接受這一切的安排。和他見過面後，心裡釋懷了，沒有任何遺憾了。我不會帶著一堆心事包袱離開，希望當死亡來時，可以帶著幸福感繼續向下一站前進。」她終於可以接受現況，平心靜氣地等待生命終點。

不說也是一種選擇

一般人都難以接受死亡，而要如實告知患者病情，死期將至，更是難上加難。很少人能勇敢面對和思考死亡，不只生命將盡的病人，難以承受和面對，家屬也很難開口。有時因為病情惡化或藥物影響，病人陷入昏沉，更不可能思考這件事。

有些人願意面對死亡，卻又不知如何開口，怕自己和家人情緒潰堤，承受不住，只能悶在心裡。有時旁人委婉開啟生命話題，病人卻常回答是：「我現在什麼都不想，把這輩子過完就好了。」雖然知道病人迴避談死亡，但志工的角色不宜太強勢，畢竟生死觀跟一個人過去長期的生命經驗有關，不是一時半刻可以改變，也不是他人可以強加上去的，我們只能接受他的態度，適度引導。

而心事、祕密，也不見得要說出來，願不願意說、說多少，主導權在病人，志工的角色主要是聆聽，有時候也適度轉達給醫療團隊，讓醫療團隊了解病人的身心狀況，可進一步協助。比如有病人持續打嗎啡，但疼痛仍然無法減輕，後來得知他與家人關係緊繃，可能是因為心理影響了生理狀況。

如果病人迴避談論死亡或講出心中的罣礙，想要帶著心事一起離世，旁人也應該尊重，畢竟這是他的選擇。

放下對疾病、對病人的我執

我從不放棄協助任何一位病人，看到病人有難以釋懷的心事，一直牽掛著某個人或某件事，便會適度地提示，看看能否引發病人主動說出來。當然，我會尊重病人的選擇，如果對方決定保持沉默，就不再追問。

我從小竹身上看到，愛會帶給人希望，藉由祝福就能感到幸福，在生命的盡頭不再有遺憾。

果然是寶方

無事一身輕

每個人多多少少都有不能說、不願談的祕密。當志工發現病人將祕密埋藏很深，不願開啟心扉，可以試探性地去了解，向家屬做一些求證，但是不能勉強病人說出心事，畢竟說與不說的決定權，都在於病人。

小竹的故事，讓我看到雖然愛情時過境遷、人事已非，但是她對男友的愛並未消失。我相信只要心中有愛，放下執念，雖然感到不捨，依然能夠衷心祝福男友遇到好伴侶，攜手過一生。

心的力量不可思議，樂觀的信念能讓灰暗失望的人生，重新燃起希望，無論人生的風景旖旎或蕭瑟，都能自在地欣賞。小竹的身體雖然弱不禁風，當釋懷了心事，放下了重擔，身心就能自由自在！

難捨能捨，別讓財產成為善終障礙

爺爺本來快要善終了，
可是太太一開口，爺爺的狀況就有變化。
人一輩子為了增加財富而花費許多心思，
在最後的時刻，如何不讓自己和家人為它起煩惱？

錢，生不帶來，死不帶去，這句話說來容易做來難。一輩子努力工作賺錢、投資理財，好不容易得到各種動產、不動產和存摺裡愈來愈多的數字，甚至還為下一代累積財富，怎麼可能說捨就捨？然而，愈是難捨，到了生命尾聲罣礙愈多。

曾爺爺將近百歲高齡，社經地位高，資產豐厚，已分配好財產。他住在加護病房時，我去關懷，本來一切都很順利，他的血壓趨於平穩，應該可以慢慢自然善終。

她一開口，病人的心跳血壓就不穩

沒想到爺爺的第二任太太進病房探望時，對著爺爺說：「我只分到幾億財產，但我不會計較，也不怪你。」話才講完，爺爺就血壓上升、心臟跳動有些不規律，手指微動，嘴角也有滲液，只是無法說話。

志工勸太太離開，讓病人休息。太太離開後，我們安撫爺爺，肯定他過去對社會的付出。誰知太太轉身離開後，又想起有話要說，再度進病房，重複說：「我真的不怪你，你好好走吧。」爺爺的心跳、血壓又有波動。

這提醒我們，財產要及早分配，並與家人達成共識、避免紛擾，以免成為臨終的障礙，逝者無法安心，生者也因為財產分配而有心結。

有借有還，避免債留家人

如果有債務，更要及早交代、處理，否則往生後債主上門，家人如何安心生活？

我曾關懷過一位中年的口腔癌病人余先生，志工的角色不適合直接問個案財務方面的事，我便從家庭關係切入，得知他單身，跟父母比較疏離，但跟姊姊感情不錯。余先生知道自己已不久人世，我便問：「現在有沒有什麼事讓你放心不下？需要讓姊姊知道、先幫忙處理嗎？」

「有幾張借據。」原來他從事餐飲業，因借錢創業而負債。

「有借有還比較好。」我提醒。

後來他告訴姊姊這件事，及早處理，總算沒有債留家人。

正值壯年，無常來襲

處理財產不只需要精明的頭腦，更需要智慧、善巧。

五十多歲的俊耀在金融業擔任主管，健檢時發現肺部有結節，不久後在家咳嗽出血，進一步檢查，發現肺部已有乒乓球大小的腫瘤，等待住院時，視力變得模糊，再檢查，發現腫瘤已轉移腦部，因壓迫視神經而影響視力，意識也有些不清，醫師問他一些簡單的問題，他也無法回答。

俊耀跟太太雲儀在大學時代就認識、交往，感情深厚、心靈契合，現在先生突然病倒，雲儀受到很大衝擊，悲傷、憂心、焦慮。因俊耀在金融業工作，家中財務一向由他掌管，現在病倒了，雲儀不得不接手處理，她去銀行領錢，竟然猜中俊耀設的密碼，可見兩人的默契。

把握清醒時刻，及早處理財產

俊耀正值壯年，在職場也有不錯表現，一開始自然很難接受自己的病情。住院後，他接受放射治療和標靶治療，希望盡量縮小腫瘤、控制症狀，然而因為腫瘤已轉移，治療效果有限，也產生副作用，醫師發出了病危通知。

「你知道自己的狀況嗎？」我找機會問他。

「好像很嚴重。」俊耀已意識到病情在走下坡。

他趁清醒時列出財產明細及各種密碼，讓雲儀安心。雲儀六神無主，俊耀一再安慰她，表示相信她一定會處理好家中財務。

本來以為財務已安排妥當，沒想到俊耀的姊姊卻要求他，不可將保險受益人寫雲儀的名字，並要求雲儀到寺廟向神明發誓，願意折壽給先生，表示自己的真心。

放棄繼承，脫離糾葛

俊耀夫婦都覺得姊姊的要求不合理，不願接受。俊耀待人溫厚，雖然心中已有定見，百分之百信任、支持太太，但還是顧念手足之情、保持理性，沒有直接拒絕姊姊。

撐著病體，他錄音留給兄姊：「也許我的處理你們不滿意，但這是我認為最理想的方式。」

終於到了離別的時刻。本來雲儀一直不捨，但看到俊耀愈來愈喘、虛弱，便說：「我讓你走。放心吧。」兩人一起唱著「五月天」的歌，俊耀的呼吸漸漸慢下來，終至停止。

俊耀的家族本來有一塊土地，他可以分配到一部分，但雲儀決定放棄繼承。她自認有能力工作，可以養活自己和孩子，不想再因財產而跟夫家的親人有糾葛，甚至將來讓孩子承擔上一代的恩怨。她也相信，俊耀會支持自己的決定。

善於理財，才能不為財所累，俊耀夫婦做到了。

善用財產，利益大眾

關於財富處理與分配，我的想法是分成三部分：

1.布施

做利益大眾的事。聖嚴法師曾說：「有財富者未必就是貴人，能用金錢與財物來有益於人者，方為真正的富貴中人。財富如流水，布施如挖井，井愈深，水愈多；布施得愈多，財富則愈大。」在健康時就培養布施的習慣，到了臨終才不會捨不得。

2.子女、家人公平分配

如何做到公平，需要思考、妥善安排。不過，兒孫自有兒孫福，倒也不必為他們過度操心。聖嚴法師提醒：「許多人有了子孫、有了財富，整天還是汲汲營營放不下；其實，這個『我』都不屬於自己的了，又何必為子孫、財富憂慮？子孫及財富，生不曾帶來，死無法帶走。」「當你一旦面臨生離死別之時，便會發現這個自我是非常虛幻的，生命及財產都不屬於永恆的自我，兒孫亦非屬於自我的支配，既然終究無法支配，那又何必為了財富及兒孫擔憂。」

3.預留生病到終老的開銷

自己的老後自己負責，盡量不成為別人的負擔。生時善用財產，臨走前妥善處理財產，而不是被它所支配，甚至變成家人失和的導火線、善終的絆腳石。我想這才是有智慧的人生。

果然是寶方

分配財產的智慧

財產究竟要給多少才算足夠？問題恐怕不在於分配是否公平，而是人心不平，欲壑難填。有些人即便妥善安排了財產，家屬還是會在病人臨終前一吐怨氣，抱怨分配不公，讓人無法安心善終。我有時會不禁感慨，明明財產都是臨終病人自己所有，如何運用應是個人自由，親友其實無權過問。臨終前要妥善「公平」分配財產，才不會變成家人糾紛的導火線。財產除了留給家人，也可以考慮公益捐贈信託，讓精神遺產可以持續傳承。

志工不便涉入家事糾紛，我們能做的只是安慰病人對此生已全力以赴，可以安心放下萬緣。但我真誠希望病人的家屬能夠尊重病人，不要在病床前爭奪財產或是惡言相向，讓病人無牽無掛地安心善終。

天上人間，比翼雙飛

她想嫁給他，他也想娶她，
卻因自卑而難以啟齒。
當他接納現況，
為別人、為自己都帶來了幸福。

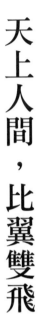

阿讓和阿英在採水果的工寮相識，兩人都曾有過一段婚姻，彼此惺惺相惜，就在工寮裡同居了。然而這樣平靜的生活，卻因阿讓罹患末期口腔癌而被打亂了。

進入病房，我看到阿英蠟黃的臉和瘦小的身軀，正緊張地為阿讓清潔身體，可以感受到她照顧病人的辛勞。

口腔癌造成顏面有傷口，也有滲液，不斷飄出惡臭，阿讓緊緊摀住傷口，似乎不想讓我看到。人總是希望別人看到自己好的一面，而不是病弱的窘境，我可以理解他的舉動。

各懷心事，時光蹉跎

待阿讓熟睡後，我私下跟阿英聊起來，她告訴我兩人的故事。

「你們感情這麼好，有沒有考慮過結婚？」我問。

阿英點點頭，紅著眼眶說：「我很期待阿讓能向我求婚。」

了解了阿英的心事，我找機會問阿讓，是不是考慮結婚，阿讓無奈地回答：「我只是個窮工人，很怕養活不了她，我又得了口腔癌，更沒有勇氣向她求婚了。」

「那你知不知道她很渴望跟你組織家庭？」我穿針引線。
阿讓說知道，但是擔心沒有能力讓阿英過好日子，一直不敢奢望再婚。
我問阿讓：「如果她願意和你在一起，那你願不願意給她一個名分？」阿讓說：「人生過了一大半，真正對我好的人很少。在這段生病期間，她就像太太一樣照顧我，我很感謝她，也很對不起她。」說著說著不停落淚。

他終於牽起她的手

在我們的鼓勵下，阿讓終於敞開心扉，坦然接受自己的現況，完成遲來的婚禮。在醫護人員的祝福下，他們舉辦了簡單隆重的求婚、訂婚、結婚儀式。阿讓終於牽起阿英的手，為她套上結婚戒指。

我幫新人準備了珍珠項鍊。在阿讓為阿英戴上項鍊時，我告訴他：「這串珍珠代表她對你晶瑩剔透、無瑕的愛，但也代表她的眼淚，就像珍珠一樣珍貴。」

新人含淚深情對望，阿讓說：「謝謝你照顧我這麼多年。」阿英說：「我等了這麼久，終於等到了！雖然我們過得很辛苦，但是因為有你，我才能努力撐過苦日子。」

婚禮後一星期，阿讓過世了。好不容易享受到結婚的喜悅，永別的打擊卻又立刻襲來，阿英承受著失去伴侶的悲傷，回到他們相識的果園工寮。

我一直惦記著阿英，一年後，專程開車去工寮看她，卻得知她因為胃癌，兩個多月前也去世了。阿讓離世不到半年，阿英就無法進食了。

得知噩耗，心情雖很複雜，但轉為祝福，或許他們已經團圓，正在天上比翼雙飛呢。

生命終點，依然幸福

天人物我的關係裡，每個關係都環環相扣。如果否認老病的事實，無法接納自己，就沒辦法接受外界的關心，甚至將之視為施捨而抗拒。

阿讓從事勞力工作，處於經濟弱勢，本來就難以接納、肯定自己，罹患了影響外表的口腔癌後更自卑，儘管阿英不離不棄，他還是無法承擔伴侶對自己的期待。

我分別了解兩人的想法，便開門見山問「考不考慮結婚」，有點臨門一腳的意味。

很微妙的是，阿讓需要的只是鼓勵，幫他打開心結，重拾自信。儘管生命走向終點，但陪伴者還是可以幫助病人感受到希望，鼓勵他為別人做些什麼。阿英失去阿讓固然傷心，但我相信，每當回想起他們終於結為連理，還是會感到溫暖、幸福。

社會邊緣人，終於等到溫情

雖然生命的長度難以延長，卻可以用接納的態度來拓寬生命的廣度。

四十多歲的建興，年輕時就離家在外縣市工作，他自述曾有一段放蕩不羈的歲月，後來感染後天免疫缺乏症候群（簡稱AIDS，愛滋病），雖然治療後已控制，但他還是無法開口告知家人，漸行漸遠，跟家人已七、八年沒見面。

他自認為是社會最底層的人物，靠勞力打工，活得很拮据、很壓抑；性取向也得不到認同，便更加認為自己的存在可有可無，渾渾噩噩度日。

直到在性病防治所遇到了一位修女，完全接納了他自認為的所有不堪，陪伴、支持他，而建興也慢慢打開封閉已久的心，接納修女的關懷。

造化弄人，當他正感覺生命有了希望和溫暖，卻又罹患肝癌，由於病情控制不理想，他決定住進安寧病房。

「這麼久沒見家人，會想見他們嗎？」我問建興。

他說自己很認命，不想再節外生枝，不見也好。但後來因為有些文件需要家屬簽署，他還是聯絡了媽媽、姊姊。

如果人生可以重來

久別重逢，氣氛雖不熱絡，但看得出親情仍在，還是有一家人的感覺。他以為家人都不知道自己的性取向，為了維持好不容易恢復的親情，他決定帶著這個祕密離開人世。他卻不知道，家人其實早已知道並接受他的狀況，因為擔心他會尷尬，所以假裝不知道。

我尊重他們的選擇，也保持沉默。

建興告訴我，臨終前最想見到的其實是修女，想要感謝她在自己最無助時，願意不辭辛勞地照顧他。志工幫忙聯絡修女，修女也願意來探望他，他看到修女十分開心，表達謝意。

我曾問建興：「如果人生可以重來，讓你再年輕一次，你還要這樣過嗎？」

他承認：「以前做了太多荒唐的事，如果時光能倒流，不會再那樣過了。」

「你很有覺醒的心。」我肯定他。

一個多月後，他安詳往生了。

放下罣礙，學習真正的接納

病人接納自己的生命現況不容易，其實「接納」也是陪伴者的挑戰。陪伴建興的過程，讓我看到自己先入為主的知見與價值觀。理性上知道愛滋病可治療、可控制，不會因為日常接觸而傳染，但剛開始跟建興接觸時，心裡還是有罣礙、戰戰兢兢。

其實病人很敏感，如果志工的表情或肢體動作僵硬、不自在、眼神飄忽、刻意說某些話，他們都感受得到，互動會流於表面，這對建立信任關係很不利。

我提醒自己也要放下心中的罣礙，真正接納病人，也就是對疾病或對病人的我執，自己要先準備好、調適好，再去服務。

果然是寶方

珍惜最後的緣分

在探訪病人時，我們應先觀察，再適時關懷。進入阿讓的病房時，氣氛有些尷尬，因為他和女朋友阿英都不太説話，讓我有些不知所措，但能感受到他們互相支持的力量，所以引導他們思索陪伴彼此的意義。

阿英很認命地照顧阿讓，認為能陪著阿讓靜靜地走完生命的最後一程，就心滿意足了。雖然她嘴上説對未來沒有期待，但我看出兩人其實是互相期盼成為真正的家人伴侶，便居中牽線，成就了這段姻緣。

或許有些人覺得名分不重要，何必為臨終病人舉行婚禮呢？阿讓的生命確實將到終點，但是透過婚姻建立起的家人關係，能讓阿英不只得到角色定位的歸屬感，也是一種肯定和支持，讓她能帶著祝福，擁有活下去的力量。喪偶的哀傷程度來自關係的深淺，我相信如果能在彼此相聚的時候，好好地惜福惜緣，縱然最後天人永隔，彼此心中都不會留下遺憾。

第三篇

圓滿的祝福

菩薩在病苦中示現

佛法的智慧，讓她無懼生死，毅然決定不洗腎。她在病中依然平靜、微笑，不忘感謝他人，如同菩薩示現，為身邊的人上了寶貴的一課。

七十幾歲的趙奶奶罹患腎臟病多年，雖然持續治療，但還是到了洗腎邊緣。她因發燒住院檢查，卻一直找不到感染源。醫師建議她洗腎，但她不願意，她覺得已經活夠了，不想承受洗腎之苦，也不想再耗費醫療資源。醫師表示，奶奶已進入腎衰竭，如果不洗腎，恐怕生命維持不了多久。

趙奶奶並不是臺中榮總的病人，受朋友輾轉委託，我去醫院探望她。初次見面，她不是很有精神，略顯昏沉，我也觀察到她在冒汗。我問候她，聊起洗腎的事，她堅決表示不願洗腎。

想在清醒中蒙佛菩薩接引

她學佛多年，明白生老病死是人生必然的規則，坦然接受緣起緣滅，她想好好離開這世界，在清醒狀態下蒙佛菩薩接引，不想在臨走前還要受過度醫療的折騰。

有些長輩會藉拒絕治療來吸引子女的注意，有點像撒嬌，我一開始以為趙奶奶會不會是這樣，但她的態度篤定，流露著信仰帶來的平靜，不像在撒嬌。「死亡並不可怕，我已經活夠了，很充實、很感恩。」她說。

子女陷入了兩難。他們想尊重母親的意願及信仰，但又覺得如果接受洗腎，母親還可以活下去，拒絕洗腎是不是太早放棄了生命？也擔心這樣合不合法。

我從和家屬的談話中發現，他們對安寧療護所知有限，更不用說《病人自主權利法》的主張。我跟他們說：「病人很清楚自己的狀況，對將來何去何從也有準備。如果醫師評估她的狀況已符合末期，不接受洗腎不會有違法的問題。」並給他們一本《留下愛，好好說再見》當參考。

擦澡換衣，給病人最需要的

趙奶奶出現腹水、感覺疼痛，並表示想回家。她住的醫院沒有提供居家安寧療護，於是我協助她轉診到臺中榮總，經醫師評估符合末期，她如願出院回家，接受居家安寧療護。

我去奶奶家探視，發現環境有些悶熱、衣服也太厚，她冒著冷汗。她持續出現腹水，腳也有些水腫。汗水濕了衣服，一定很不舒服。我幫她擦澡、換上較薄的衣服，看起來神清氣爽。「謝謝你，給我現在最需要的！」她向我道謝。

保持身體乾燥、清潔其實是基本需求，重病者因為需要他人照顧，這樣微小的需求竟格外珍貴。我很少得到病患直接的鼓勵，從她滿足、舒服的樣子，我知道自己做對了，內心更豐富。

病中依然感恩，如菩薩示現

面對困境、承受著病苦，依舊態度從容、不忘感謝他人，趙奶奶如同菩薩示現。我看過一些病人會用「我生病、我在受苦，所以我最大」的態度對待身邊的人，認為別人理所當然必須承受自己的情緒、必須為自己付出，也有不少病人到了臨終階段，情緒波動很大，然而趙奶奶完全沒有這樣，她的表情、肢體動作、說話的語氣，在在流露著平靜。

到了生命末期，還能將修為展現在日常應對，以身口意照顧和影響身邊的人，這是我從她身上學到無價的一課。

家屬本來擔心，媽媽回家後不像在醫院可以隨時找醫護人員處理狀況，但看到媽媽回家後比較舒適自在，他們也安心了。

趙奶奶回家後第六天，意識清楚，咳嗽了幾聲，面帶微笑，去世了，如願在清醒狀態下跟佛菩薩去修行了。

攸關生死，醫療決策誰說了算？

然而並不是每個病人都像趙奶奶幸運，到了生命末期可以自主決定不洗腎。年過八十的吳爺爺突然胃出血，住院檢查時又發現腎衰竭，醫師建議洗腎，但吳爺爺不願意，有些家屬認為應該接受醫師的建議，有些家屬搞不懂為什麼一開始說是胃出血，現在變成要洗腎，他們沒有得到很清楚的訊息，意見分歧，沒有共識。

病情急轉直下，吳爺爺陷入昏沉狀態，家屬決定讓他開始洗腎。但爺爺清醒後，表示不想再洗腎了、想回家，「就算回家等死也好。」他回家後接受居家護理，兩、三個星期後去世了。

做醫療決策並不容易，尤其當病情複雜、緊急、攸關生命，要做決定更難。在陪伴病人與家屬的過程中，我發現醫療決策之所以困難，有幾個原因：

1.病人只對某個家屬表達意願

比如，病人可能只跟最親近的照顧者說他決定不洗腎，其他家屬不知道、各有意見，需要時間溝通、磨合，達成共識。

2. 醫病溝通不良

醫師覺得該講的都講了，但家屬並沒有充分接受或理解這些訊息，家屬之間互傳訊息又有落差，最後變得訊息不完整甚至混亂。像吳爺爺的病情跨腸胃科及腎臟科，傳遞完整、正確的訊息更是挑戰。

醫病之間溝通不良，就很難建立信任關係，家屬可能不相信醫師的診斷、治療，醫師也覺得家屬處處不信任醫療團隊、心懷敵意，有時甚至因而埋下醫療糾紛的導火線。

3. 缺乏主要決策者

如果病人能自主做決定最理想，就像趙奶奶，從頭到尾堅定表達不洗腎。萬一病人因為種種原因無法做決定，就需要家屬出面，如果家屬中有主要決策者，而其他家屬也能接受，那樣最好，但我常看到家屬間群龍無首，誰也無法或不願意做出攸關病人生死的重大決定。

4. 資訊過多

網路查詢方便，跟醫療相關的資訊隨手一查就很多，但這些訊息不見得正確或符合病人現在的狀況。訊息爆量、缺乏整理歸納，往往讓人更不安，對後續治療也不見得有利。

隨著善終觀念普及，醫界這幾年開始推動「限時治療嘗試（time-limited trial）」，也就是如果當下難以判斷治療效果，就先讓病人接受急救及維生治療（比如插管、接上呼吸器），萬一病情沒有起色，再撤除維生設備，接受自然死亡。這樣合法也合倫理，病人沒有多受苦，家屬也安心。

果然是寶方

將不捨化為祝福

我看到趙奶奶的第一印象，宛如看到一尊佛菩薩。她不畏懼死亡，不願再透過洗腎延長生命。家人要尊重趙奶奶的決定並不容易，縱然老人家能自在面對生死，家屬卻深怕自己做錯了判斷，因而忐忑不安。

我很敬佩趙奶奶家人的勇氣，家屬必須同心一致支持，才能無懼外人批評不孝的指點，理解和尊重老人家選擇自然死，這是一種很大的承擔。全家人在做出決定的那一刻，已將心中種種的不捨，化為滿滿的祝福。

家屬為病人做醫療決定時會有壓力，志工從事服務時，也會因為沒得到反饋而感到不安。有的病人、家屬會想贈禮致謝，其實最好的禮物是即時回饋意見。對志工來說，能受到尊重及勉勵，便是最好的精神鼓勵。

社會大眾常將志工服務視為理所當然，吝於給予鼓勵讚美，這也提醒了我，要適時肯定別人的努力，並感謝無私的付出。

放下，才能往前

只不過出門買早餐，一家人竟從此天人永隔；
一個不經意的動作，竟造成一條人命喪生。
這憾恨難以彌補，又如何寬恕、放下？

五十多歲的洪太太，一直細心照顧家人，某日早晨，她騎機車出門買早餐，快回到家時，路邊一輛汽車突然打開車門，一個小學生正要下媽媽的車，沒想到一開車門正好打到騎機車路過的洪太太，「砰」地一聲，人車一起倒地，雖然她戴著安全帽，頭部著地後還是失去了意識。開車門的小朋友嚇傻了，開車的媽媽也十分驚慌，自責沒有提醒孩子注意後方。

洪太太其實已經回到家樓下了，家人聽到碰撞聲，從窗戶看見是洪太太，嚇得衝下樓來。血從洪太太的耳朵中流出，顯示腦部恐怕傷得不輕，送到醫院後，生命跡象不穩定，腦壓高，昏迷指數也只有三分，呈現重度昏迷。

醫師替她動了緊急開顱手術，但術後狀況仍不理想，一直沒有醒過來，心臟也一度停止跳動，用上葉克膜並採用低溫療法，也嘗試加入中醫針灸治療，希望能幫她度過生死難關。

滿懷希望，卻又一次次失望

這一切來得太突然。誰能預料到，一個尋常的早晨，媽媽出門替家人張羅早餐，竟在家門口遇上意外，傷重昏迷；肇事者的父母同樣想不到，孩子一個不經意的開門動作，竟造成這麼嚴重的後果，一個幸福的家庭瞬間破滅。

洪太太的孩子還在讀高中，一家人每天守在加護病房外，輪流探視洪太太，在她耳邊說話，還播放錄音呼喚她。聽到熟悉的聲音，她的眼角似乎有淚水，但她真的聽到了嗎？能恢復意識嗎？家人原本滿懷希望她能醒來，卻又一次次失望，內心煎熬。

我去關懷洪太太的家人時，可以感受到他們憤怒卻又無奈，滿腔情緒找不到出口。肇事者只是個孩子，無心之過卻造成路過的無辜騎士重傷，但縱然把肇事者的父母抓去關，洪太太也不一定會清醒。「不論刑責或金錢賠償，都彌補不了我失去太太、孩子們失去母親。」洪先生說。

收拾情緒，為她做最好的決定

洪先生很有智慧，身為一家之主，雖然太太的遭遇對他衝擊很大，但他還是慢慢收拾情緒，一方面處理太太的醫療問題、做各種決定，一方面安慰孩子，跟孩子一起思考和討論：如果媽媽的狀況沒有好轉，要讓她接受氣切嗎？緊急狀況時要急救嗎？此外也要兼顧並尊重太太娘家的想法。

各種治療都嘗試了，然而洪太太還是在七、八天後，血壓突然往下掉，家人考量即使將心跳、呼吸搶救回來，她恐怕還是無法清醒，決定不讓她再受急救之苦，將她帶回家，在熟悉的環境往生。

這個家庭在短短幾天內經歷了至親倒下的衝擊，痛苦、悲傷，卻能夠穩住心情、理性討論，思考怎麼做對洪太太最好，不只是讓她活著，而是要活得有品質，這些都是艱難的決定。

聲聲佛號撫慰生者亡者

我參與了洪太太的遺體護理。她在動開顱手術時，因腦壓過高，取下的頭蓋骨已無法放回。她七孔出血、有滲液，當時天氣頗熱，坦白說，氣味不好聞。

我拿著頭蓋骨對洪太太說：「這一塊屬於你，讓它回到你身上好嗎？」說也奇怪，我講完，頭蓋骨就放得回去了。

法鼓山助念團前來助念，他們並不畏懼接近亡者，用聲聲佛號引導亡者，也穩定生者的情緒。

肇事小朋友的母親一直在現場跪著，自責、內疚，洪太太的家人覺得無奈，但並未阻止。後來洪太太的告別式，她也去了。

面對境界的智慧

洪太太的家人讓我看到面對事與境界的智慧，而其中的關鍵人物是洪太太的公公，他的態度影響了全家。

公公說，誰都不願這樣的不幸發生，把肇事者或他的父母抓去關、要求金錢賠償，都喚不回往生者，於事無補。生者的心裡如果一直懷著憤怒、憾恨，會讓往生者也不安心，不如放下，才能面對未來的生活。他以家族大家長的身分提醒，我想應該發揮了影響力。在洪太太的告別式上，他也提醒媳婦放下、寬恕。

我很佩服這一家人的心量與氣度，讓我學到很多。從意外發生之初的憤怒、悲傷，慢慢轉折到寬恕、放下，這多麼不容易！如果心量不夠大，很難做得到。我自問：如果我的親友遭遇這樣的不幸，我能寬恕肇事者嗎？我能放下嗎？好難！

我偶爾會跟洪太太的孩子聯絡，關心他們過得怎麼樣。他們說，還是很想念媽媽，感嘆媽媽不在了，不能參與他們現在的人生，總覺得有遺憾，有殘缺。

以「四它」智慧化解人生困境

洪家面對這起不幸的態度，讓我想到聖嚴法師主張用「四它」來解決困境：

面對它：如何面對問題？即是告訴自己：任何事物、現象的發生，都有它一定的原因，唯有面對它、改善它，才是最直接、最要緊的。

接受它：因果必須配合因緣，對於任何情況，如果能夠改善它，當即予以改善，若不能改善，便面對它、接受它，絕不逃避，但是要盡力改善。

處理它：如果計畫好的事在過程中發生問題，不必傷心也不必失望，應該繼續努力，促成因緣，還是有成功的機會。

放下它：如果經過詳細的考慮，判斷因緣不可能促成，那也只好放下它，這和未經努力就放棄，是截然不同的。

「四它」並不是一下就能走完，而是漸進式的，並且需要因緣具足，比如洪太太的公公，以身教影響晚輩；肇事者也誠心懺悔，打從心裡表示歉意，希望得到原諒，而不只是想用錢來解決事情。有了這些因緣，家屬才能夠慢慢接受家人驟逝的事實，寬恕肇事者，最終放下。

選擇寬恕，也是選擇讓往後的日子更寬闊。洪太太這麼愛這個家，我相信，她也會希望即使她不在了，丈夫和子女還能好好過日子。

果然是寶方

以寬大氣度化解仇恨

意外事故造成的心靈創傷，需要漫長的時間復原，不會因他人的安慰而縮短。如果一直停留在喪親的哀傷裡，不願接受生死無常，反而很難看清楚事情的真相。面對意外事故時，如果能用寬厚的心原諒別人，我覺得那是一種值得學習的氣度。這個生命故事給我的提醒是，人可以帶著恨意活下去，也可以放下仇恨往前走，重要的是哪一種選擇會讓自己活得比較幸福呢？

打開心結釋懷不容易，如果一直活在恨意裡，受到懲罰的其實是自己，而非別人，因為是自己讓自己苦上加苦。如果能用寬大的氣度化解仇恨，便能終止痛苦的輪迴，從過去的陰影走出來，生命的格局也會變得開闊。

回到大海優游吧，小美人魚！

她小小年紀，就自己跟醫生討論病情，
處處為媽媽著想，成熟得讓人心疼，
到了最後一刻依然貼心，她的心願也終於圓滿了。

「阿姨，我想去看海，想跟魚一樣在水裡游來游去。」小女孩說出心願：希望自己的病能好起來，想跟其他小朋友一樣去速食店吃薯條、去海邊玩。我為她取名「小美人魚」，心中感慨，同齡的孩子正在享受童年之樂，她卻在承受化療之苦。

現代人孩子生得少，每個都是寶，可是小美人魚的命運卻如此坎坷。她五、六歲時發現罹患白血病（血癌），父親欠債，人間蒸發，而母親是外籍配偶，已懷了第二胎，面對驟變，六神無主。

母親因為語言不通，與醫護人員溝通困難，小美人魚被迫提早長大，自己跟醫師討論病情和後續治療，成熟得令人心疼。

所幸病情暫時控制住了。妹妹出生後，母親上夜班維持家計，小美人魚放學後還幫忙家務、照顧嬰兒。

抓住美好一刻，她的眼神閃閃發亮

四、五年後，上小學三年級的小美人魚再度發病，我便是在那時認識了她。她病情穩定下來，醫師評估可以出遊，我實現承諾，帶她去看海。那天她笑得好開心、好滿足。這樣微不足道的事，對她來說如此珍貴。

在看海的當下，她說：「媽媽好辛苦，都不能回印尼看外公外婆。」真是貼心的孩子，處處為母親著想。我想，若能讓外公外婆來臺，對小美人魚的媽媽是很重要的支持力量，便發起募款，籌措機票費用，讓外公外婆來臺灣探親一個多月。

看到父母時，媽媽激動落淚，小美人魚也利用化療的空檔暫時出院回家，三代團圓。

後來小美人魚參加喜願協會的圓夢計畫，我和志工陪她去香港迪士尼樂園玩，一個人幫她排隊，一個人陪她玩。她一整天都很有精神，我已經累到想坐輪椅，她的眼神還像聖誕樹上的燈，那樣閃閃發亮，直到關園才依依不捨地離開。我知道，她想抓住這一天、這一刻，留下美好回憶。

「阿姨，我很怕！」小女孩吐露心聲

完成去迪士尼樂園的心願後，小美人魚的治療遇到了瓶頸，病情走下坡。我問她還想不想接受治療，也慢慢告訴她安寧療護的意義。「我要繼續治療，我還要照顧媽媽、妹妹。」她的回答令人不捨。我尊重、支持她的決定。

化療後她反覆發燒，住進單人的無菌室，媽媽只有在固定時間才能去探視。

某天晚上，媽媽來電，說小美人魚跟醫師談過，知道自己的治療效果不理想，加上化療副作用強烈，她不想再做任何治療了。

過去她總是很堅強，沒喊過苦。但這次我去看她時，她大哭起來：「阿姨，我很怕！」

「你害怕什麼？」我問。她沉默了。

「你接受治療，真的很辛苦。生病的時候，每個人都會怕。」

「我擔心妹妹，她過馬路常常不小心，也擔心媽媽。我不能照顧她了，她怎麼辦？」

我建議她，用手機錄下自己想對媽媽、妹妹說的話、把害怕說出來。

「你是個成熟的孩子，阿姨知道你很努力、很勇敢。」

她的聲音是慰藉，也是力量的泉源

我晚上九點離開病房，她第二天就去世了。小美人魚終於回歸大海，自在優游，不再被束縛在病床上了。她在媽媽離開病房時斷氣，或許是不想讓媽媽傷心吧。這孩子向來貼心，到了最後一刻仍是如此。我安慰媽媽，也提醒她，小美人魚或許在手機留下了一些話。

她果然留下了錄音。她童稚的聲音，卻說著大人般成熟的話語，交代妹妹：「你過馬路時要專心，姊姊沒辦法照顧你了，要分擔家事、要照顧媽媽，不要讓她傷心。」又對媽媽說：「對不起，我本來希望將來長大，可以買房子給媽媽，但現在沒辦法了。我們現在的房子要留下，我回來時才找得到。」

我跟小美人魚的媽媽偶爾會用 LINE 聯絡，幾年後她買下房子，有安身之處，小女兒已上高中。每當遇到困苦，她便會聽聽女兒留下的錄音，是思念，是慰藉，更是力量的泉源。媽媽、妹妹擁有自己的房子，生活穩定，小美人魚的心願圓滿達成了，相信她也會感到欣慰。

愛自己或者愛眾生多一點？

我在二〇一九年捐過骨髓，其實一開始家人並不贊成，我也一度猶豫。但是當我想起小美人魚那樣的血癌病人，治療多麼辛苦，骨髓移植是他們的一線希望。雖然幾經掙扎，我還是決定捐骨髓。相信小美人魚會支持我的決定吧。這也是佛菩薩給我的功課，藉著捐骨髓讓我思考：「究竟是愛自己多一點，還是愛眾生多一點？」

如何和孩子談生死大事？

我們都以為孩子年紀小，什麼都不懂，事實上未必。當孩子發現自己常常去看病、吃藥打針、住院、不能上學，多少知道自己跟其他小朋友有些不一樣。

即使病人是個孩子，還是建議告知病情，關鍵在於用什麼方式、在什麼時機告知。如果醫療團隊與家長有共識，可以藉藝術治療（由藝術治療師帶領），或用繪本說故事的方式，幫助孩子慢慢了解生、老、病、死是生命自然的過程。

父母不一定適合和子女談論病情或生死，因為情感連結太深，夾雜著不捨、焦慮等情緒，或者自己也不知如何面對，很難開口。因此，鼓勵尋求專業人員協助很重要。

透過醫療團隊適當地引導，孩子其實有能力面對自己的生命課題。

妹妹，你好好去當天使

小男孩才三歲，便經歷了妹妹的死亡，
會在他心裡留下陰影嗎？
孩子對死亡的理解與反應，有時超乎成人的想像。

小茹是一個非常清秀、漂亮的娃娃，才來世間不久，卻已然要踏上歸途。

她的一歲生日「禮物」有點殘忍，就在生日前後，檢查出腦部長了腫瘤，開顱手術後，癌細胞並沒有就此罷手，反而快速長大，僅僅半年，以當時的醫療便已無法控制，後來轉入安寧病房。

爸媽全心全意照顧小茹，幾乎無暇關注兒子小宏。對醫護人員來說，照顧這麼小的末期病人還是頭一遭；而我身為志工，看到了被忽略的小宏。

小宏陪妹妹住在病房，他會在病房騎腳踏車，我就叫他「腳踏車哥哥」，慢慢熟起來。他雖然才三歲，但跟成人一樣有情緒，他知道妹妹生病了，感受到家裡的氣氛、父母對他的態度都不一樣了。經父母同意，我偶爾帶小宏出去，抽離醫院氛圍，得到些許喘息。

她突然對著媽媽微笑

本來小茹的眼睛被腫瘤壓迫到無法張開，可是在最後那幾天，她突然能張開眼睛，對著媽媽微笑，好像在道別，留給她美好的回憶。我也鼓勵小宏去抱抱妹妹。

小茹臨終時，我鼓勵小宏去跟妹妹說說話，也跟他說妹妹快要死了。上天終究帶走了小茹，媽媽情緒崩潰，不願、不忍讓女兒進冰庫，而長輩又堅持習俗，不讓小茹回家。我想辦法協調，跟殯葬業者租獨立的冰櫃，安置在一個小房間。

「人終究過世了，需要入土為安，不能一直放冰櫃，」我屢次勸說，但幾星期過去了，媽媽還是無法接受女兒就這樣不見了。「她永遠是你的女兒，不會因為她不在了就改變。因為愛她，所以不忍她多受苦。」我同理媽媽的感受，持續陪伴她，同時也希望藉由這層信任關係，慢慢讓她接受孩子的離去。

小茹走後，小宏天天跟爸媽一起來祭拜小茹，祭品除了有牛奶，還有小茹愛吃的薯條。祭拜完成後，小宏會把祭品吃掉，就好像妹妹還在時，兩人分吃食物。兄妹看似永隔，卻依然用某種方式維繫著關係，這是一種沒有距離的分別。

妹妹你要乖，哥哥愛你

依照習俗，長輩不送晚輩，所以小茹的後事需要由平輩的哥哥和十歲的表姊參與。

告別式前一天，小茹的遺體從冰櫃移出，準備清潔。直視、碰觸遺體，連大人都不一定敢，更何況是孩子？怎麼做才不致在孩子心裡留下陰影？我想了很久。

遺體清潔室裡還有其他亡者，我對小宏和表姊說：「你們等下會看到其他人，心裡祝福他們就好了，不用害怕。」未知或似懂非懂常常讓人產生莫名的恐懼，就像突然停電，但是如果先點好一支蠟燭，先告訴孩子等下會發生什麼事、看到什麼、可以怎麼做，如同停電時還有燭光，自然不會那麼害怕。

開始清潔遺體時，我問兩個孩子願不願意摸摸妹妹的手、臉，我說：「雖然摸起來冰冰的，可是還是很柔軟。」藉由擦拭、碰觸身體，讓他們重新建立過去妹妹在世時的那份情感。

「等一下妹妹要洗澡，」我讓他們知道接下來的流程，而且他們可以選擇留下來，如果不想留下也沒關係。幫小茹擦完澡後，小宏親了妹妹的臉頰，說：「妹妹你要乖。」這麼稚齡的孩子就經歷生離死別，讓人不捨。

告別式前，我跟兩個孩子說：「待會妹妹需要你們幫忙，如果害怕沒有關係，可以告訴阿姨，我也會全程站在你們旁邊。」

在最後瞻仰遺容時，小宏跟妹妹說：「妹妹，哥哥很愛你，你好好去當天使，我會照顧爸爸、媽媽的。」然後把玩具放進棺木。聽到小宏這番話，我們覺得既感動又不可思議。孩子對死亡的理解與反應，恐怕超乎成人的想像。

掩飾真相，也是一種殘酷

很多人以為小孩子不懂什麼是死亡，當家中親人去世，大人常迴避跟孩子談這件事。但事實上，即使孩子年紀再小，還是有感受、有情緒，知道家裡發生了不尋常的事，當然也會發現以前常看到的人不見了。

幼兒對親人離去的反應，需要一次次辨識他的理解程度。跟孩子談死亡，專家不建議用「往生」、「當天使了」等語句，他們不懂這種委婉的表達，可以直白地講「死了」，雖然聽起來很殘酷。

有人會用「去很遠的地方旅行」等隱晦的方式描述死亡，但是我從實際經驗看到，孩子多年後仍在追問：「他到底去哪裡了？怎麼一直沒回來？」疑問始終在心裡。在孩子的認知裡，並沒有人清清楚楚地告訴他真相，他對亡者的思念、情感也無法表達。這何嘗不是另一種殘酷？

尊重習俗，盡力做到圓滿

身為志工，我不會批評或想改變「白髮人不能送黑髮人」的習俗，也不會勸說小茹的父母不要讓稚齡的兒子參與喪葬儀式，畢竟習俗已流傳多年，並不是朝夕可以改變。

再者，對小茹的父母而言，女兒是心頭肉，又因病早逝，他們也希望用圓滿的儀式送走女兒。如果遵守習俗真的對這個家庭有幫助，能讓大家更安心，那就一起努力。但是坦白說，當時我並沒有把握。

如果思慮不夠周延、做得不夠細緻，我相信要兩個三歲、十歲的孩子參與遺體清潔、捧牌位、送遺體去火葬場等流程，他們可能會因為不理解儀式的意義、勉強去做而受到驚嚇，心裡留下陰影，所以我才會一直告訴他們「你只要覺得害怕就告訴阿姨，我就在旁邊」，希望給他們安全感。

讓生者、逝者都安心，死亡，便有了不同的意義。

果然是寶方

同理家屬的處境

在傳統文化裡，面對白髮人送黑髮人的傷痛常有種迷思，將孩子的不幸夭折，怪罪於父母失職。當喪子的父母被左鄰右舍指指點點時，家中長輩如果不能同理艱難的處境，父母自責的結果，將難走出悲傷，影響家庭生活。

對於孩子的意外早逝，除了父母的處境常未被同理，兄弟姊妹之間的感受，也常被忽視。社會忽略了孩童的喪親悲傷輔導，認為總會時過境遷，不需要刻意讓孩子了解。但是孩子沒有參與手足的離世過程，心中會有虧欠感，甚至影響日後的成長。和孩子談生死，可以先傾聽，了解孩子對死亡的理解程度，然後適時告訴他病情、目前治療效果，及接下來會發生的狀況。接受老、病、死對成年人來說尚且不易，更何況是孩子呢？他們也需要時間理解和消化。

最後的心願

他正值壯年，生命已然要畫下句點，
在自己的生前告別式上，卻一滴眼淚也沒掉。
生死這一課，他圓滿了。

「每一次告別式，大家都會把最好的話、最好的評語給死者，那我情願活著聽這些話，也不願意死了再聽。」二〇〇一年，作家曹又方在自己的「快樂生前告別式」上這麼說。

她一九九八年罹患卵巢癌，醫師預估可能只能再活一年，後來她為自己舉辦了一場告別式，請朋友穿得漂漂亮亮、開開心心地來參加。「大家都認為死亡是一種挫敗，是一種悲傷，可是我認為生老病死是自然的法則，我覺得我這一輩子活得夠美。」她希望推動不同的生死觀。

我擔任安寧病房志工多年，也為病人籌辦過生前告別式。

李先生，五十出頭，是公司主管，抽菸約十年，因車禍做胸部X光檢查，發現異常，進一步檢查確診罹患肺癌，且已轉移，後來呼吸時很喘、會痛，主動表示願意接受安寧緩和醫療，住進安寧病房。

他喜歡運動、旅行、潛水，有救生員執照，生病後希望有機會再潛水，也想搭剛通車的高鐵出去玩，但因病情每況愈下，難以達成。

與其死後追思，不如生前告別

我接到任務後，便去跟李先生聊聊，了解他的想法，也說明以他現在的狀況，潛水或出遊都有困難，並鼓勵他想想：雖然有些事不能做了，但還有什麼事是現在的自己可以做的？

他說，看到作家曹又方辦生前告別式，雖不敢奢望像她一樣在告別式後又活了多年，但覺得這樣表達對親友的感謝很不錯，死後再辦告別式反而沒意思。

生前告別式不是一個儀式而已，而是要幫助病人回顧過去的生命，肯定自己的一生。看他主動提起這件事，表示不忌諱談死亡，我便問更多細節：「你想邀請誰來參加？大約多少人？想怎麼進行？要收付（準備禮物回送賓客）嗎？如果這次生前告別式就是真正的告別，等你走後，還要再辦一次嗎？」

藉由這些問題，我也想知道他是否已準備好接受死亡。其實開啟死亡議題像在走鋼索，如果時機不對、他沒有準備好，或用字遣詞不當，都可能造成傷害。

他沉默了。

「你慢慢想。」很多事我們在健康時很少去想，會猶豫很正常。我知道他需要時間思考、決定，便先告辭離開。

人的一生到底所為何來？

第二天他有了答案。他希望辦一個感恩茶會，邀約三十位親友，想用食用油（平安油）當回禮，因為他曾在食品公司工作多年，油又有「點亮光明」的涵義，這禮物對他格外有意義。

但他並不打算邀請父親。但我擔心日後他父親知道了，會不會傷心或責怪？他再次沉默。

這段時間我每天跟他聊天，慢慢變熟，對話的內容也由淺而深。後來我們談到：「人的一生到底所為何來？只是為了工作、謀生？我們為社會、為別人付出過什麼？」當人生走向終點，名利權勢都已不重要，「意義」成為最終極的追尋。

「你對生死這麼坦然，想過當大體老師嗎？這也是一種回饋社會的方式。」我提起。

「我的狀況符合條件嗎？」他好奇。我便向他解釋大體老師的條件和流程，也鼓勵他跟家人溝通。

唯一的一場感恩茶會

志工分頭準備感恩茶會，製作回顧影片、邀請親友。他還是決定不邀父親參加，但錄影向父親致歉：「請原諒兒子不孝，怕你傷心，所以就不請你來了。」

茶會前一晚，他可能因為緊張，喘起來。我安撫他，請他放心，我和醫療團隊會在場協助，他有任何不舒服就眨眼示意。

茶會當天，志工將蠟燭排成心形，布置會場，並請李先生來點亮蠟燭，象徵點亮心燈，照亮自己也照亮別人。受邀的親友原本只有三十多人，結果來了一百二十人。

這是李先生這輩子唯一一場，也是最後一場感恩茶會。他帶著微笑，訴說生病以來的心情，「以前總認為生命會一直在，沒想到這麼快就要結束了。」

他曾打過太太，一直想道歉，我選了〈牽手〉這首歌在會場播放，營造氣氛。

沒有風雨躲得過，沒有坎坷不必走，所以安心地牽你的手，不去想該不該回頭。也許牽了手的手，前生不一定好走，也許有了伴的路，今生還要更忙碌，所以牽了手的手，來生還要一起走，所以有了伴的路，沒有歲月可回頭。

他感謝太太的陪伴與照顧、為家庭的付出，也期盼子女將來扛起重責，照顧媽媽、阿公。

帶著微笑，道謝、道別

他和大家握手、擁抱，道謝、道別。來賓沒有不掉淚的，我也屢屢濕了眼眶。不過他卻始終面帶微笑，沒掉一滴淚。外甥女緊抱著他，哭著說：「舅舅不要離開我！」他拍拍外甥女的肩膀，輕柔地說：「傻孩子。」依舊帶著從容的微笑。他正值壯年，是家庭支柱，事業有成，人生卻因為突如其來的疾病而被迫畫上休止符，心中的衝擊可想而知，然而他現在已經能坦然面對終點了。我想，生死這堂課的學分，他修到了。

茶會結束時，我向李先生致意，彼此擁抱，他對我說「謝謝」，比出「讚」的手勢。我總算鬆了口氣，這段時間準備茶會的疲憊已是雲淡風輕。

善緣具足，如願當「老師」

第二天是李先生女兒的生日，我們為她慶生，又過了兩天，李先生陷入昏迷，我接到電話趕回醫院，他已安詳去世。

本來他想捐大體的心願遇到些障礙，不太順利，但因緣十分奇妙，後來一一排除。家屬擔心大體捐贈很久後才會啟用，喪事好像一直沒有結束的感覺，有些罣礙，沒想到一個月內就排上了。

大體啟用的那天，我陪李太太一起參加儀式。棺木打開的那一刻，看到李先生面容紅潤，氣色比去世時還好。他圓滿了心願，家人也安心了。

幫李先生辦感恩茶會、完成心願，整個過程我一直怕做得不圓滿，沒有達到他的期待。究竟要做到什麼程度才叫「好」？我想，尊重病人的想法與需求、不加入自己的判斷與好惡是最重要的。

當我們發願成就好事，不代表過程一定順利，當中有種種困難、阻力，這不正考驗自己的願心堅不堅定？

果然是寶方

真正圓滿的生前告別式

李先生希望醫療團隊為他舉辦生前告別式。生前告別式是臨終病人的舞台，呈現方式要尊重當事人。而在邀請參與者時，也要體諒兼顧家屬親友的感受，畢竟生前告別式對他們來說，可能產生不想觸及的罣礙，需要提醒和溝通。

「道謝、道愛、道歉、道別」的「四道人生」，從協助者的立場來說，我們的意見不能代表病人和家屬，無論家屬能否釋懷，都無法勉強他們接受。生前告別式的意義，在於幫助臨終病人重新回顧人生，既有機會彌補缺憾，表達歉意，也有機會看到此生的豐富，表達謝意，從而圓滿了生前告別，在不捨的失落中，為悲傷找到出口，生死兩安。

爺爺的遺憾

爺爺一直自責沒有盡孝，
然而這是時代造成的悲劇，不是他的錯。
遺憾已難以彌補，該如何幫他放下心中的重擔？

年近九十歲的榮民趙爺爺，罹患肺癌末期，沉默寡言，自知來日無多，臨終心願是想回住了三、四十年的榮家，再看看自己曾經生活的地方，並跟老友道別。

志工聯絡榮家，幫趙爺爺安排好返家之旅。到了那一天，志工先幫他洗澡，穿上襯衫，打理得乾淨、舒適。爺爺的肺功能已大為衰退，很喘，需用氧氣，為避免發生緊急狀況時措手不及，我們預約了救護車，兩、三位志工陪伴他回榮家。

榮民在戰亂時隨政府、軍隊來到臺灣，很多人並未成家，榮家便是他們的家，其他榮民便親如家人。趙爺爺看到同住多年的老室友，喘著氣說：「我快不行了，這大概是最後一次見面了。你保重，好好照顧自己。」老友聽了不禁掉淚。

展示書法，眼神發光

我陪爺爺回到他的房間，他拿他寫的書法給我看，話變多了起來，雖然還是喘、盜汗，但眼神閃閃發亮，很有精神。

他的書法寫著：

活著是莫名其妙似又理直氣壯
死亡乃明知必然卻又無勇面對

相見時難別亦難　送君此去何時返
兄弟骨肉連肝膽　期盼早日歸故園

而生病後，他的書法也記錄了心情：

昨尚自信身猶健　今實感覺起床難
病來似知排山快　此刻方知孤獨哀

醫院畢竟是陌生的地方，回到熟悉的環境，爺爺也打開了話匣子：

國共內戰時，他是個少年，茫然跟著軍隊來到了臺灣。離開老家前最後一次見到母親，母親將食物用布包好，綁在他身上。母子依依不捨地道別，他邊走邊回頭看著母親，心想：我還有機會見到母親嗎？

戰火連天，顛沛流離，趙爺爺終於在臺灣落腳。他想知道家人的近況，也想讓家人知道自己還活著，然而當時兩岸對立，連通訊、通信都不允許，更何況回老家探親？想家的心情只能隱忍、壓抑。夜深人靜時，他總是格外想家，自問：「我的家究竟在哪裡？」

未盡人子孝道，永遠的遺憾

趙爺爺沒有結婚成家，努力存錢，希望有一天能回老家奉養父母。年復一年，終於等到兩岸局勢緩和，能夠互通訊息，卻得知父母都已去世。當年他隨軍隊來臺前跟母親短暫一聚，竟成永別。他覺得愧對父母，父母生時沒有盡孝，死後也沒有送終，這是永遠無法彌補的遺憾。父母在的地方，就是家。當他知道父母都已不在人世，慢慢開始接受臺灣是自己的家和故鄉了。

他的一幅書法，也訴說著對「家」的感觸：

祇要我心中有家　何必在乎家中是否有我
祇要你們心中有我　何必重視我是否在你們群中

少小離家老大回，鄉音無改鬢毛衰。兩岸開放探親後，他曾返回江蘇老家，雖然見到的晚輩都跟自己有血緣關係，但畢竟過去未曾謀面，這樣的親情帶點陌生，感受複雜。

他拿出積蓄幫助老家親人改善生活，回臺灣後也繼續資助。他當年曾想像著自己衣錦榮歸，讓父母過上好日子，現在等於用另一種方式完成心願了。

戰亂造成骨肉分離，不是不孝

一開始我沒有回應爺爺，靜靜聽著，讓他回顧生命、抒發情緒，然後拍拍他的肩。

我看爺爺一直對自己沒有盡孝而自責、無法釋懷，等他說到一個段落，便安慰他：「榮民修路鋪橋，為國家做了很多事，用一己之力，讓人民可以安居樂業。謝謝您為國家的付出，父母也會以你為榮的。」

他紅了眼眶，掉下眼淚，呼吸急促起來。我教他深呼吸，替他擦淚，緩和一下情緒。

我繼續說：「您其實不是不孝，而是為了大我，犧牲小我。大時代的因緣環境造成骨肉分離的悲劇，不是您的錯。而且您現在還在照顧老家的晚輩，圓滿他們的需要，讓他們繼續讀書、生活過得更好，雖然您沒有機會照顧父母，但是也用不同的方式付出了。」爺爺似乎聽進了我的勸慰，臉部線條逐漸放鬆。

看他的情緒緩和下來，我便說：「如果身體已經不允許，就放下一切，不要多想。守住自己的心。」

「我知道自己的時間快到了，能回來看看老朋友，已經心滿意足，沒有遺憾了。」爺爺說。

爺爺叫我「妹妹」，當我是一個可以訴說心事的晚輩，在生命終了前，回顧人生，把壓抑已久的遺憾、慚愧說出來，心中應該舒坦多了。回到醫院兩、三天，就在睡夢中過世了。

無聲勝有聲，聽比說重要

人生際遇有千百種，劇本人人不同。有人像趙爺爺一樣沒有成家，也有人雖然結婚，但跟家人感情疏離，有家卻像無家。

遇到臨終時感慨自己「沒有家」的病人，如果他的情緒還算平穩，陪伴者可以靜靜聆聽，不一定需要一直回應，更不宜評斷或批評。

在陪伴病人時，其實很多時候無聲勝有聲，不需要太多言語，聆聽就是最好的回應，再加上適度的肢體語言，比如輕拍肩膀或拉拉手，往往比說話更得體，更能撫慰對方。

如果對方的情緒激動，甚至大哭、發怒，這時陪伴者一方面可以讓他適度宣洩情緒，一方面可以試著安撫：「我了解你的感受，但這些都過去了。」引導、鼓勵對方回顧生命中正向的事。

心中有歸屬，就是「家」

我也會去了解病人有沒有信仰，有信仰就有家。

我會跟病人說：「不管信仰的是土地公、媽祖、觀音或耶穌都好，心裡想著你信仰的神明，就能讓自己安心。」

我曾遇過一位沒有信仰的病人，她很希望有人陪伴，甚至不讓我離開病房。我給她一本《父母恩重難報經》，經典所在之處，如同佛在。我跟她說：「我可能沒辦法一直在這裡，但這本經書可以陪伴你，就像媽媽在旁邊。」她慢慢安定下來。

「家」不一定是有形的家，它可以在心中，能觸動情感、提供歸屬感，其實就是「家」。

果然是寶方

圓夢要善觀因緣

人一生的夢想可能多如繁星，而當生命開始倒數計時，願望常常變得很簡單，可能只是想回家。為趙爺爺做圓夢計畫時，他的願望是回榮民之家看看老朋友。原本沉默寡言的趙爺爺，看到老朋友和自己的書法作品，如數家珍般，開心地向我介紹，彷彿時光倒流，回到從前。

然而，並非所有的老人都像趙爺爺這般能幸運圓夢，並有人陪伴至生命最後一刻，社會上「孤獨死」的案例愈來愈多，可能是經濟困境、家庭失和，或是其他不為人知的因素。

當我陪伴臨終病人圓夢時，理解到需顧及家屬的心情，不能勉強他們破鏡重圓。無論圓夢或抱憾而終，每個人終究都應為自己的人生負責。

最後一口的心滿意足

子女希望她吃生機飲食，
她卻想吃滷肉焢筍。
病人的微小心願，該不該滿足？

德國影片《安寧病房的美味大廚》記錄了一個動人的真實故事：廚師烏普雷希．史密特（Ruprecht Schmidt）曾在米其林餐廳工作，後來選擇到臨終照護中心當主廚，煮出一道又一道佳餚，讓生命快走到盡頭的人也能嘗到色香味俱全的美食，不但滿足基本的口腹之欲，也藉食物喚起過去美好的回憶。「雖然無法為這些病患的生命多添一點日子，卻能夠賦予他們的日子多一些生氣！」他說。

飲食是人體基本需求，病人更需營養均衡，才有體力抗病。然而病人怎麼吃，卻常變成病人與家屬間的「拔河」。

江太太得了子宮頸癌，她的子女都是高學歷，卻阻止母親做化療，堅持讓她用無毒、生機飲食及喝醋治療。江太太痛到想撞牆，在地上翻滾，子女卻不讓她用嗎啡止痛。

某天，江太太真的痛到昏過去，家屬將她送醫，醫師建議考慮安寧療護，她住進了安寧病房。

江太太已非常虛弱，這時子女總算勉強同意讓她用嗎啡控制疼痛。志工問江太太，有沒有心願想完成？「我想吃滷肉焢筍。」她說。從生病以來，子女一直希望、要求她改吃生機飲食，想必她已許久無法享受口腹之欲。

志工趁子女不在病房時，去買了滷肉焢筍。當美食入口時，她含著淚，露出滿足的微笑。

家屬的好意，病人卻生不如死

後來她說想去佛堂，她對著佛像雙手合十，說：「如果這輩子有最舒服的當下，就是現在了。」一頓美食，顯然讓她的身心都得到療癒。

她注視著觀音像，一直流淚，心中似有千言萬語。

「要不要對著菩薩說說心事？」我提醒她。

她坦言，生病這一年來受很多苦，不只是因為疾病，更因為孩子堅持不讓她接受正規治療而產生的種種矛盾、糾結。「我知道孩子愛我，我也愛他們，所以不忍心拒絕他們的好意。但是他們真的不知道我有多痛，痛到覺得生不如死啊！」

親情本來很動人，但此刻變得好沉重。家屬出於善意而提供資訊、建議，卻凌駕了病人本人的意志，連疼痛控制這樣基本的照顧都得不到，這究竟是愛還是傷害？

「我這輩子活到六十歲，沒有求過什麼。住進安寧病房，才覺得得到照顧，也吃到了想吃的東西，此刻什麼都不求了。」她說。

江太太的疼痛得到控制，也吃到了想念的美食，身心都放鬆、舒坦，三天後就去世了。

想吃、能吃就盡量吃

生命末期的病人怎麼吃？最重要的原則就是「想吃、能吃，就盡量吃」，家屬不妨盡量滿足病人，不需要過度忌口。

家屬常常出於善意，不讓病人吃這吃那，可是病人覺得「生病很辛苦，我也很努力在治療疾病了，為什麼連吃東西這樣小小的欲望都不讓我滿足？」對病人來說，一點點口欲上的滿足，都是支持的力量。

接受癌症治療時，病人常感口乾舌燥，或者口腔黏膜破掉、有灼熱感，可以含冰塊、吃點冰淇淋，既降低不適感，也補充熱量；也可將茶水放涼，當漱口水，讓口腔保持濕潤，另外可用鳳梨汁清潔舌垢，保持清潔。

如果吞嚥有困難，不能喝太多水，可將白木耳煮到黏稠，不容易嗆到又有飽足感。

食物可以成為快樂的泉源

有些放了鼻胃管的病人仍有進食欲望，雖然不能吞嚥，但可讓他含著他想吃的東西，聞到氣味、滿足口欲後再吐出來，這是一種心理慰藉。

我遇過短腸症的病人，因手術切除大部分腸道，影響吸收，只能吃太空食品，但看到別人吃美食，就會想起自己以前也能吃這些東西，很失落。食物其實可以成為一種療法，志工去買他想吃的東西，讓他放在嘴裡咀嚼，但不吞下去，食物的香氣、口感帶來片刻的滿足，成為他一天快樂的泉源。

也有臨終病人想吃芭樂，芭樂很硬，其實他已經虛弱到無力咀嚼。但志工還是把芭樂的籽挖掉、切成小塊，讓病人淺嘗幾口，滿足味覺、嗅覺。我們不需要多問什麼，他可能也沒有力氣回答，但從臉部的表情放鬆，就知道他已心滿意足了。

我喜歡爬山，能背負上高山的東西有限，我爬高山的時候，也會想「現在好想喝可樂，下山後一定要吃很多水果。」生命末期就像在高山上一樣，資源有限，病人的時間也有限，只要他想吃、能吃，有什麼不可以？

讓病人回到原來習慣的生活

肺癌末期的病人能不能抽菸？標準答案是不可以。但我去日本的醫院觀摩臨終照護，有位醫師就允許肺癌末期病人抽菸。他帶病人到院內的吸菸室，甚至跟病人一起抽，兩人看著窗外的風景，什麼話也沒說。

第二天，醫師又陪著病人抽菸，吞雲吐霧中，他問病人「對自己的病有什麼想法」，兩人慢慢聊起來。我這才明白，抽菸是為了培養信任、建立關係，才能開啟後面的照護。尤其當疾病進入晚期，讓病人回到原來習慣的生活模式，而不是用醫療介入改變他，這才是同時滿足病人生理、心理需求的醫療照護計畫。

我遇過一位罹患天皰瘡的病人，她後來已腎衰竭，床頭竟然還放滿可樂，原來是媽媽買給她的。當時我不太能理解，為什麼媽媽要滿足女兒的要求，心想：這不是加速死亡嗎？但多年後回頭看，那或許也是一種愛。病人太辛苦了，何不在生命末期滿足她簡單的需求？媽媽的愛，其實帶著椎心之痛啊。

果然是寶方

判斷飲食的智慧

「該不該吃補品？」常常困擾著安寧病房的病人和家屬，而如何處理來自熱心親友的各種偏方和昂貴補品，吃與不吃，都讓人左右為難。

收到親友贈送補品或保健食品，我建議要先確認它的來源、成分，適不適合個人體質或病情，常見的補品如人參或牛樟芝，就不一定適合每個人。

現在癌症治療重視不同專業的合作，可以詢問主治醫師、中醫師或營養師的意見，也讓醫療團隊知道病人在藥物之外還吃了什麼，最好不要隱瞞。

如果病人願意吃這些東西，相信吃下去對自己有幫助，因此得到心理慰藉，而醫療團隊也認為不影響療程或病情，不妨就盡量滿足病人吧！

感恩，是一輩子的功課

他化解了心中多年的積怨，
向兄姊表達感謝，含笑而逝；
然而也有含怨而終的人，
一念之間，天壤之別。

道謝、道愛、道歉、道別，我們常鼓勵病人在生命終了前完成這「四道人生」，讓自己心中無憾，也留給生者一份愛的禮物；然而人的一生累積了那麼多的愛恨情仇，要在有限的時間裡完成「四道人生」，有時並不容易。再者，有些病人還無法接受自己患病、即將死亡的事實，開口「四道人生」更是難上加難。

哲文擔任企業財務主管，罹患肺癌，一發現就是晚期，惡化得很快，已轉移腦部。人生突然要畫上休止符，打擊實在太大，任誰都難以接受。他原本不想接受任何治療，但太太希望他一試，他答應了。

然而病情還是每況愈下，他住進了安寧病房，我因而有機會和他結緣。

顧及親情，難拒兄姊「勒索」

我去關懷了幾次，跟哲文慢慢熟了起來，感受到他漸漸能夠接受生病、生命走向終點的事實。

「有沒有什麼放不下或覺得遺憾的事？」我問。他吐露了和手足之間的矛盾。

哲文在原生家庭中是老么，很受父母疼愛，個性溫和、憨厚。兄姊成年後，接受了民間信仰，不時以幫祖先、家人消災祈福為由，要他「贊助」一筆錢，他總覺得兄姊的出發點是良善的，自己的經濟狀況也還負擔得起，雖然心中不認同，也有點被勒索的感覺，但為顧及手足和諧，並沒有拒絕。

罹癌後，兄姊又開口要錢，說要幫他做法會、消業障，祈求早日康復。然而那時他考慮自己的醫療費用，也必須顧及自己家庭的開銷，所以很猶豫。兄姊不曾來醫院探望，也讓他耿耿於懷。

回顧過往，釋放壓抑的情緒

對兄姊長期以來的要求，哲文的內心深處其實充滿憤怒與矛盾。過去他選擇放在心裡，如今自己生病亟需用錢，兄姊不但不體諒，還繼續伸手，讓他忍無可忍。

我跟哲文分享自己的想法：貪婪常是因為需求沒有得到滿足。身為家中么弟，哲文享受父母加倍的關愛，兄姊可能從小就覺得受冷落，所以一直想從弟弟這個「既得利益者」身上要回點什麼，當成彌補父母的關愛。「站在他們的立場去想，他們會跟你要錢，不是沒有原因的。現在不聞不問，可能是不知道如何表達，也害怕失去親人和面對死亡。」我說，哲文原本的埋怨與憤怒似乎開始轉化。

後來哲文決定錄音，向兄姊坦白真心話，說自己並不認同他們的行為，但也同時感謝他們在成長過程中的照顧。我也鼓勵他這麼做。

轉怨恨為感恩，含笑善終

但錄音寄出後，如石沉大海，兄姊完全沒回應，也仍然沒來探病。

我安慰哲文，至少把心裡感受說出來了，也表達了感謝，對方有沒有回應不要緊，自己安心就夠了。

寄出錄音後，哲文似乎在心裡與兄姊和解，也跟太太說，自己對兄姊心存感恩。

我曾跟哲文談起生命的歸處，如何讓自己心裡平安、有歸處，也送他佛法結緣書，他收下了。

他的原生家庭本來偏向佛道教及民間信仰，後來決定皈依三寶。我聯絡法師前來安寧病房，哲文打起精神，跟著法師完成皈依儀式，並合十感恩法師。沒過多久，便帶著微笑去世了。我相信是他的修為，將過往的種種轉化為感恩的力量，幫助自己安然善終。

精進自己，回報眾生

聖嚴法師曾說：「佛教是一個報恩、感恩和懷恩的宗教。」感恩不是嘴上說得甜甜的就可以，感恩之後要報恩。報恩是用你的體能、智能和財力，精進於你的生活，用你自己所有的資源來報恩，奉獻給眾生。

法師曾遇到兩位身障人士，一位罹患肌肉萎縮症，雖然不能走路，坐在輪椅上，但他能寫作、演講，分享生命故事。另外一位罹患成骨發育不全症，號稱是「臺灣最矮的男人」，雖然只有六十五點七公分，但他積極從事公益活動。他們對人間充滿了感恩，充滿了對人間的愛，願意把自己奉獻給他人。對父母也是一樣，並沒有責怪他們把自己生成這個模樣，因為沒有一個父母會希望孩子有缺陷。

以我的經驗，大部分的臨終病人確實對家人心懷感謝，只是可能不知如何表達，我們的角色就是適度提醒、鼓勵他及時表達，但不是強迫，因為感恩必須出於內心才有意義。就像哲文，化解了對兄姊的不滿，用錄音坦誠說出內心想法，也同時傳達感謝，及時和解，我想他走前內心是平靜的。

都是別人的錯，把自己困在怨恨裡

然而，我也遇過完全不知感恩的人。

阿源有三分之二的人生在監獄裡度過，因罹患肺癌，才得以保外就醫。

他從年輕就開始偷拐搶騙，連家人也不放過，伸手要錢不成，就騙、偷，母親因長年為這個兒子操心，積鬱成疾而去世，兄弟姊妹也對這個製造麻煩者避之唯恐不及，得知他罹癌入院，都不相信，害怕他藉病耍心機、想騙錢。

阿源總是在抱怨，怨家人、社會、世界對不起他，今天自己會落到這個地步都是別人造成的，幾乎沒有一句正向的話，更別說感謝家人對他的付出。我聽了很感慨：他已經來日無多了，卻連一點覺知都沒有，只有無盡的怨懟。他的苦來自心念、認知，把自己困住了，別人怎麼幫得上他？

他孤伶伶地去世了。兄弟姊妹或許感到遺憾，但更多的是解脫吧。

感謝生命，也感謝死亡

心懷感恩能讓生命最後一程平和、無憾，讓家人感到安慰、圓滿，但是善終的關鍵，還是要看病人能不能接受自己生病、接受死亡即將來臨的事實。

聖嚴法師曾說：「能生則必須求生，非死不可則當歡喜地接受；感恩生存，也當感謝死亡。」在生命結束的時候，生前擁有的財產、名利全都帶不走，真正可以帶走的，是我們的慈悲心、智慧心和功德的生命。死亡，使我們放下了此生的種種罣礙，而帶著一生的功德，迎向未來的新旅程，同樣也需要感恩。

願自己、願眾生時時感恩、事事感恩，這是一生的功課。

果然是寶方

以感恩心畫下人生句點

自私的人只會一心想著自己，他的世界裡不會為別人設想。他總是怨天尤人，永遠都覺得別人虧欠他，對他好是理所當然的事。他既無法理解別人，別人也無法理解他，生活圈愈變愈小，人生路也愈走愈窄，可能要到臨終發現無路可走、無人相陪，才會幡然醒悟。

心胸開闊的人，無論面對好事或壞事，都會保持感謝的心，這一種柔軟謙和的態度，能幫助自己度過很多人生難關。例如有人會堅持自己的價值觀不放，只有我是對的，別人都是錯的。對錯其實常是各人的價值觀認定，沒有標準答案，如果不願意放下執著，永遠都看不到問題出在哪裡。把心放寬，生命的視野才能寬廣。

無論人生過得圓滿和不圓滿，如果能夠在生命的最後，適時地感恩，心中就不會有虧欠和遺憾，這一輩子的人生功課，就能畫下圓滿的句點。

琉璃文學 46

放下的勇氣——安寧病房的生命故事

The Courage of Letting Go: An Inspiring Life Story in A Hospice Ward

口述	張寶方
採訪撰文	張靜慧
出版	法鼓文化
總監	釋果賢
總編輯	陳重光
編輯	張晴、李金瑛
封面設計	化外設計
內頁美編	小工
地址	臺北市北投區公館路186號5樓
電話	(02)2893-4646
傳真	(02)2896-0731
網址	http://www.ddc.com.tw
E-mail	market@ddc.com.tw
讀者服務專線	(02)2896-1600
初版一刷	2023年5月
初版七刷	2023年6月
建議售價	新臺幣280元
郵撥帳號	50013371
戶名	財團法人法鼓山文教基金會—法鼓文化
北美經銷處	紐約東初禪寺 Chan Meditation Center (New York, USA) Tel: (718)592-6593　E-mail: chancenter@gmail.com

法鼓文化

國家圖書館出版品預行編目資料

放下的勇氣：安寧病房的生命故事 / 張寶方口述；張靜慧採訪撰文. -- 初版. -- 臺北市：法鼓文化, 2023.05
面；　公分
ISBN 978-957-598-990-3(平裝)

1. CST: 生死學 2. CST: 生命教育 3. CST: 安寧照護 4. CST: 文集

197.07　　112002372